COAL

煤炭产业发展模式研究
——基于绿色矿业理念

RESEARCH ON THE **COAL INDUSTRY**
DEVELOPMENT PATTERN
FROM THE PERSPECTIVE OF **GREEN MINING**

马 岩 著

社会科学文献出版社
SOCIAL SCIENCES ACADEMIC PRESS (CHINA)

摘　要

作为我国最重要的能源资源，煤炭在我国的一次能源生产与消费中的比例均大约为70%。煤炭资源，相对于石油或天然气等矿产资源，不仅具有储量优势和价格优势，而且是可以清洁利用的矿产能源。在实现城市化和工业化发展的过程中，日益扩大的能源需求以及我国粗放式的经济增长方式无形中给我国的能源供给带来了巨大的压力。同时，煤炭资源消费在我国国民经济中的特殊地位，使得实现煤炭产业与经济、环境的和谐发展，不仅成为支持国家能源安全的重要课题，而且是煤炭产业实现绿色化发展的重要内容。

国内外研究与实践表明，在绿色矿业理念指导下构建的煤炭产业发展模式是一种低碳的、可持续发展的新模式。在煤炭产业内实现绿色化发展不仅符合当前我国以人为本、构建和谐社会的本质要求，而且是应对气候变化、解决煤炭产业单一化发展以及发展国家经济的重要举措。目前，作为矿业实现绿色化发展重要内容的煤炭产业绿色化发展正处于理论指导、局部试验、全面推行的关键时期，无论是在理论研究方面，还是在具体实践方面都取得了一定的成绩。然而，在煤炭产业绿色化发展的推进阶段，地方政府层面和煤炭企业层面对绿色矿业理念指导下煤炭产业发展模式的概念及内涵认识不清、实践不够，在发展过程中"循环不经济"等问题依然存在，这些都在一定程度上阻碍了煤炭产业实现绿色化发展的进程。本书旨在系统、全面地研究绿色矿业理念指导下的煤炭产业发展模式的几个基本问题，为煤炭产业的绿色化发展实践提供理论支撑。

本书在阐述煤炭产业发展模式转变的相关理论的基础上，首先，对我国煤炭产业发展现状进行了阐述，结合煤炭产业发展特点，对其存在的问题进行了分析，指出了产业模式调整的必要性；其次，借鉴发达国家的煤炭产业发展的先进经验，结合我国的具体国情以及经济的运行模式，总结了对本国煤炭产业发展的几点启示；最后，在绿色矿业理念的指导下构建了煤炭产业发展的新模式，基于新模式对我国煤炭产业以及经济的发展进行了初步的展望，并构建了相关的政策保障体系。

通过较为系统的研究，本书得出的基本结论如下。

（1）通过对产业绿色经济研究进展和国内外煤炭绿色经济文献的综述，归纳煤炭产业绿色化发展研究的主要成果和不足，提出本书研究的主要内容、研究方法及主要的创新点。

（2）煤炭产业作为我国国民经济的重要支柱同时也是能源、矿产资源、废煤资源和水资源等消耗量很大的能源和资源密集型产业。我国煤炭产业的发展是一个包括煤炭的开采、加工、储运、燃烧使用、废弃物的二次利用、资源型城市建设以及煤炭行业人才队伍建设等多环节、多因素的复杂过程。近年来，在我国宏观经济环境以及相关政策的支持下，不仅煤矿的探测开采技术取得了显著的提高，而且煤炭产业在发展理念、自主创新能力、产业发展的结构布局、煤炭市场的供给能力、煤炭固定资产投资、煤炭经济运行质量、煤炭绿色经济的产业化发展水平、煤炭产业发展的对外开放水平等方面也得到了整体的提升，和谐矿区的建设、煤矿安全生产环境等方面也有了明显的改观。然而，整个煤炭资源开发利用以及下游产业的兴建和发展过程，也存在不容忽视的环境问题，给我们的生活和工作带来了很大的困扰。①煤炭的开发利用方面。在开采过程中，受矿井的地下环境、采掘方式、深度等因素的影响，矿井的地质环境、地下水和空气环境以及地下噪声环境等都很糟糕，矿区土地被占用，大量资源遭到严重的破坏，大气环境、生态环境也受到了严重的污染。煤炭加工过程中的洗煤水对矿区环境、下游农田灌溉水源和周围居民的生活用水都造成了很大的污染，煤炭储运过程中的粉尘等对运煤公路、铁路的沿途生态环境，特别是农作物和植被均造成严重污染。煤炭转化过程中煤气洗涤产生的废水也给环境带来了很大的污染。②煤炭行业人才队伍建设方面。专业人才数量少，知识水平和学历水平不高；高层次专家和专业技术带头人少，人才断层现象严重；人才队伍结构不合理，分布不均衡；煤炭产业经济效益不高、人才供求严重失衡。③煤炭产业资本运营方面。由于国家对煤炭企业的资金长期投入不足，煤炭行业人力资本利用率极低、运用效果差，再加上政府角色定位不明晰、发展观念陈旧，改革往往浮于表面。④资源型城市的发展方面。无论是传统的资源型城市还是新兴的资源型城市，在发展中均有以下问题：资源耗费严重、回收率低、综合利用能力不高；城市经济结构层次不高，行业横向关联度较差，接续产业发展缓慢。这些都在不同程度上阻碍了煤炭产业实现绿色化发展的进程。因此，基于绿色矿业理念实现煤炭产业的绿色化发展，不仅是我国应对全球发展变化的实际需要，而且是当前我国经济发展的内在要求。

（3）煤炭产业的发展涉及环境问题、经济问题，更与发展问题有着千丝万缕的联系。目前，许多发达国家为解决煤炭产业在发展过程中遇到的各种问题已展开积极的探索。本书选取美、德、日、俄、澳五个比较有代表性的国家，分别从其基本国情及经济发展的实际情况出发，介绍了其如何扬长避短，成功地走出了具有本国特色，适应国内经济发展并有利于社会长远发展的煤炭产业发展之路。这些对于探索研究我国煤炭产业发展的总体目标、战略取向、实施路径等都具有十分宝贵的经验启示和借鉴意义。

（4）绿色矿业即环保型矿业，该模式充分体现了环保及可持续发展的矿业发展理念，它将社会因素、生态因素以及经济因素融入矿产资源开发利用的整个过程并对三者进行了综合的考量。其基本出发点是：从开采环节入手，最大限度地减少或杜绝煤炭开采造成的周围资源和环境的破坏和污染，从而可以获得社会效益和经济利益的最优化。

根据国家发展绿色矿业的相关要求，绿色矿业理念指导下煤炭产业发展模式的优化途径主要有煤炭产业绿色化发展的技术支持体系、资本运行体系、人才培养机制以及市场促进新机制。发展的总体目标为：构建以市场运行为基础，以科技创新为条件，以人才队伍建设为支撑，以资本运作为平台的新型煤炭产业发展模式，通过调整产业结构，加强对资源与环境的管理，逐步建立起一个经济效益、社会效益、环境效益三者协调发展的具有较强发展潜力和市场自我调节能力的新型煤炭产业运行体系。具体实施路径包括：①煤炭产业绿色化发展的技术扩散机制；②煤炭产业绿色化发展的资本运行体系；③煤炭产业绿色化发展的人才培养机制；④煤炭产业绿色化发展的市场促进新机制。通过在煤炭产业绿色化发展的技术支持体系中引入技术扩散的动力机制和激励机制形成有效的社会驱动力，在为产业发展营造政策驱动、市场驱动和中介环境驱动等有利发展环境的同时，以各种激励手段保证煤炭资源开发的新技术及时得以推广和应用。为了适应绿色化发展的需要，本书从设立专项基金、企业的资本运行以及矿业权管理三个维度进一步完善了企业绿色化发展的资本体系，对产业绿色化人才的培养提出"国家—学校—企业"和"产—学—研"的融合模式，学校在国家财税等方面优惠政策的倾斜下，基于国际现代化建设对高层次、高技能人才的需求，结合煤炭产业多元化及市场发展的实际需求，加强对具有学科交叉背景的复合型人才的培养。这些人才通过规范的人才引进机制进入企业，在企业为其提供优厚待遇及科研环境的前提下发挥能力，这些都为绿色矿业理念在煤炭产业的顺利实现提供了有效的路径保证。新模式的实施将会在提高资源利用效率、降低污染物对环境的影响、推动经济社会与资源环境和谐发展方面产生积极的作用。与此同时，洁净煤、煤转油、煤替油等新技术的研发和应用，也对我国的能源安全具有十分重要的现实意义和深远影响。

（5）在绿色矿业理念指导下，构建煤炭产业发展的政策保障体系。围绕绿色经济、绿色矿业的内涵，从行政管理体制出发，形成一套包括技术与安全保障、制度与政策保障、法律与文化保障、人才建设保障的政策体系。首先，根据煤炭产业绿色发展及安全生产的具体要求，政府为煤炭企业发展提供政策指导。对矿业中出现的各种利益矛盾进行调节和控制。其次，给政府部门管理者，尤其是法律、法规、制度起草人和法律制定者提供指导。最后，对绿色矿业理念进行舆论宣传，给予文化保障，在引导绿色矿业人才培养的同时获得全社会对绿色经济、绿色矿业的支持。

本书的主要创新体现在以下几方面。

第一，对我国煤炭产业发展水平的演变特征与形成机理进行历史分析和理论解释，并结合低碳经济发展的背景，提出了我国煤炭产业高效率、清洁化、可持续的产业发展方向。

第二，结合当前建设资源节约型和环境友好型社会的要求，对绿色矿业的概念进行了全新的界定。通过对绿色产品、绿色文化、绿色经济等"绿色"事物概念的分析，结合绿色矿业理念的提出背景，基于煤炭产业发展的实际情况，对其概念、内涵、特征进行了全新的界定。

第三，建立基于绿色矿业理念的煤炭产业发展模式。在基于绿色矿业理念的煤炭产业发展模式的构建中，结合我国煤炭产业发展的特定情况，从煤炭产业绿色化发展的技术扩散机制、资本运行体系、人才培养机制、市场促进新机制四个维度构建了煤炭产业发展的"绿色"模式。

第四，建立基于绿色矿业理念的煤炭产业发展的政策保障体系。本书分别从煤炭产业绿色化发展的技术与安全、制度与政策、法律与文化和人才队伍建设四个层面，建立了我国煤炭产业发展的政策保障体系，并对四个层次间的关系进行了阐述，指出只有四者同步发展才能推动绿色矿业的顺利实现。

ABSTRACT

Research on the Coal Industry Development Pattern from the Perspective of Green Mining

As China's most important energy resources, coal in China's primary energy production and consumption in the proportion of approximately accounted for more than 70%. Coal resources, relative to the oil or natural gas reserves of mineral resources, not only has the reserve Advantages and price advantage, but also can clean mineral resources. In the process of the city rapid development and industrialization development, the growing demand for energy and type of our country extensive mode of economic growth has invisibly brought great pressure to the energy supply of our country. At the same time, the special status of the coal resources consumption in China's national economy, made how to realize the harmonious development of the coal industry, economy and the environment, become not only the important support of national energy security, but also the important content of green mining of coal industry.

The domestic and oversea studies and practices indicate that the coal industry development pattern built under the instruction of the green mining industry concept is a new one, which is low-carbon and sustainable development. To achieve greening development in coal mining industry meets the essence requests of building a harmonious society people-oriented in current China, but also is an important measure to answer climate change, solve the homogenization of coal mining industry and lift economy in China. Currently, as the important part of mining industry greening development, the greening development of coal industry is at a critical stage of theoretical avocations, local experiments and expanding outwards. We get great achievements in both theoretic construction and practical experience. However, in the promoted period of coal industry greening development, both the local governments and coal industry companies are failed to understand the concept and connotation of coal industry development pattern which is built under the instruction of the green mining industry concept clearly, and the practice is not enough. There are some problems such as "circular but economical" as before. Those become barriers to coal industry turning to be greening development partly. This paper aims to study on a few questions in coal industry development pattern under the instruction of the green mining industry concept systematically and comprehensively and provide theoretical support for greening develop practice of coal industry.

In this thesis, on the basis of correlation theories of coal industry development pattern transformation; we describe the present status of coal industry in China firstly, analyze the problems in it, and indicate the necessity of industry modes transformation on the basis of developing trends. Then we take examples from advanced experience of coal industry development abroad, compare with specific national conditions and status and economy operation modes in China, educe some revelations suitable for the development of the domestic coal industry development. In the conclusion, we build the new mode of coal industry development under the instruction of greening mining concept, give the preliminary prospect of domestic coal industry and economic development under the new mode, and construct some security system of the policy.

Through a more systematic study, the basic conclusions drawn from the paper include:

1. Based on the research progress of industry green economy and domestic and oversea coal green economy, summarized insufficiency of the literature of green development of coal industry, puts forward the main contents of the study, research methods and main points of innovation.

2. As an important pillar of our national economy—coal industry but also energy, mineral resources, coal resources waste and water consumption is a big energy and resource intensive industry. Chinese coal industry development is a coal mining, processing, storage and transportation, burning, waste two times using, construction of resource type city, coal industry talent team construction and other links, factor in the complex process. In the past five years, in the environment of our country macroscopically economy and related policy support, not only the detection of coal mine mining technology made significant progress but also in the development of the concept of the coal industry, independent innovation ability, industry structure, coal market supply ability, coal investment in fixed assets, the quality of economic operation of coal, coal green economic industrialization development level of coal industry development, the level of opening to the outside world have made the ascent of the whole, compared to past, the construction of harmonious mining, coal mine safety production environment and other aspects have obviously improved. However, in the development and utilization of coal resources and the downstream industry construction and development

process, environmental problems to our lives also have been ignored and brought great distress: (1) On the development and utilization of coal. In the mining process, due to the mine underground environment, mining methods, depth and other factors on mine geological environment, groundwater and air environment and the underground noise environment have caused the influence in various degree; land occupied, a lot of resources have been seriously damaged; atmospheric environment, the ecological environment has been seriously polluted. Coal processing in the process of preparation of water, either for the mining area environment, downstream farmland irrigation water or the surrounding residents living water have caused a lot of pollution; coal storage and transportation process of coal dust in highway, railway along the ecological environment, especially the crops and vegetation will cause serious pollution. Coal conversion processes of gas scrubbing wastewater generated by the environment bring great pollution. (2) On the coal industry talent team construction. The problems that professional personnel is lack, knowledge level and education level is not high; high level experts and professional and technical leaders are not sufficient, talent structure is unreasonable and the distribution of talents is uneven, coal industry economic benefit is not high, talent supply and demand is seriously unbalanced still exist. (3) On the capital operation of coal industry. As the inadequacy of country coal enterprise capital input for a long time, the extremely low rate of human capital utilization with poor results, coupled with the unclear positioning of government role and stale development idea, which cause the reform to float on the surface. (4) On the development direction of resource type city. Whether a traditional resource type city or a burgeoning resource city, the problems in development are: serious resource waste, low recovery rate, low capacity utilization, low city economic structure administrative levels, poor industry horizontal correlation, slow development of linking industry, which differently from the extent hindered the coal industry to realize green development process. Therefore, from the perspective of green mining of coal industry, green development is not only the actual needs of the China's response to global development changes , but also conform to the inherent requirement of China's economic development in the current situation.

3. The coal industry involves environmental problems, economical problems, and it has countless relations with development. Recently, several foreign developed countries are on the road to find how to solve kinds of problems in the developing period. Five rather typical countries are focused on: the USA, Germany, Japan, Russia, and Australia. We do research on their national conditions and economic status; introduce how to take their advantages and avoid weakness, then walk out a successful coal industry developing path, which is not only with its own national characteristics but also adapt to their economic development and social long-term development. Those provide valuable experience and inspiration to search for the overall goal, investment and operating path of domestic coal industry development.

4. Green mining, an environment friendly perspective, reflects environmental, protected and sustainable developing concept fully. It puts 3 elements into the whole process of mineral resources exploitation and utilization, such as society, ecology, economy. We consider those three elements synthetically. Essentially, to start from the aspect of exploitation, reduce to the hilt or stop the destruction and pollution on the surrounding fields caused by coal exploitation, and then get the optimization of benefit from so-

ciety and economy. According to the need of green mining development in China, there are several optimization methods under the instruction of green mining concept: technological support system, capital operation system, professionals mechanism and market promoting mechanism. The overall goal as the development is to construct the new coal industry development pattern, which is based on market operation, supported by professionals, with the condition of scientific and technological innovation and with capital operation as a platform. We strengthen the management of resources and environment, build up a new coal industry operating system which has strong potential and self-control ability in the market step by step, with the economic benefit, social benefit and environmental benefit developing to coordinate. The specific methods include: (1) The technology diffusion mechanism of coal industry greening development; (2) The capital operation of coal enterprises greening development; (3) The personnel training mechanism of coal industry greening development; (4) Market promoting a mechanism of coal industry greening development. From the effective driving power for society by introducing the driving mechanism and incentive system of technology diffusion in technology supporting system. As beneficial developing environment such as effective drives, market drives, mediation environment drivers and so on for industry development is built up, some incentives could be carried out to keep the new technology for coal resources exploitation being promoted and applied in quality and on time. To suit the need of greening development, the capital operation for enterprises greening development is improved from 3 aspects: establishment of a special fund, capital operation of enterprises and mineral properties management. The three merged modes of "country-school-enterprise" and "production-learning-research" are put on for industry greening professionals training. Because of the lack of high-level, high-tech talents in global modern construction, schools strengthen the culture to versatile talent who are in interdisciplinary context. They are admitted into enterprises through normative professionals-introducing system, well-paid and devoted themselves to enterprises. These provide effective path assurance to smooth realization of green concept. The implementation of new mode will take active action on improving the utilization of resources, reducing the impact on pollution to environment, promoting social and economic and environmental resource harmonious development. Moreover, the research, development and application of new technologies such as clean coal, coal into oil and coal for oil, will bring practical significance and profound interest to energy security in China.

5. Under the instruction of green mining concept, construction of security system of the policy of coal industry development centered on green economy, the connotation of green mining start from system of administrative control. An integrated policy system comes up which includes technical safeguard security, system and policy security, law and culture security and professionals construction security. Its main functions are as follows: (1) Policy implications are put forward for coal enterprises development according to the detailed demands of coal green development and safe production from government's standpoint. Various kinds of interests contradictions in the process are adjusted and controlled. (2) Guidance is provided for government departments and managers, especially the draftsman or constitutor for law, regulation, and regime. (3) Media publicity for the goal of green mining is pushed on. Culture is protected. We lead not only green mining professionals training but also the support to green economy and

green mining from the whole society. No other than the 4 aspects develop in step can promote green mining realization smoothly.

The main innovations of this essay are as follows:

Firstly, in conjunction with the analysis of industry development level, we discuss the historical analysis and academic explanation of the evolution character and mechanism for domestic coal industry development level. We direct the way to high efficiency, clean and sustainable development in domestic coal industry under the background of low carbon economy development.

Secondly, the concept of green mining is newly defined in its concept, connotation, characters combining background for raising green mining concept under the background of resource-conserving and environment-friendly situation. Based on the real situation of coal industry development we analyze the concepts of "green things" such as green production, green culture, green economy.

Thirdly, the coal industry development pattern from the perspective of green mining is built up. With the particular situation of domestic coal industry development, we construct the green mode from four perspectives: technical diffusion, capital operations, personnel training and promoted mechanism for leading the green development of market.

Fourthly, the security system of the policy from the perspective of green mining for coal industry development is established. We built it from 4 aspects: technology and safety, procedures and policies, law and culture, professionals construction and describe the relationships among them. Finally, we find that it is necessary to keep the four parts developing simultaneously.

目 录

第一章 绪 论 ································· 001
  第一节 研究背景及问题的提出 ···················· 001
  第二节 国内外研究综述 ·························· 011
  第三节 选题的研究意义 ·························· 017
  第四节 选题研究的主要内容和方法 ················ 019
  第五节 主要创新点 ······························ 021

第二章 煤炭产业发展模式转变的理论基础 ········ 023
  第一节 产业发展理论 ···························· 023
  第二节 产业政策理论 ···························· 028
  第三节 绿色经济理论 ···························· 034
  第四节 系统理论 ································ 040
  第五节 政府行为理论 ···························· 043
  第六节 本章小结 ································ 048

第三章 我国煤炭产业现状及发展趋势 ············ 049
  第一节 煤炭产业的概念及特征 ···················· 049
  第二节 我国煤炭产业发展现状分析 ················ 055
  第三节 煤炭产业绿色化发展的必要性 ·············· 087

第四节　本章小结 ………………………………………… 090

第四章　发达国家煤炭产业发展及对我国的启示 …………… 091
第一节　美国煤炭产业发展 ……………………………… 091
第二节　德国煤炭产业发展——以鲁尔区为例 ………… 094
第三节　日本煤炭产业发展 ……………………………… 098
第四节　俄罗斯煤炭产业发展 …………………………… 099
第五节　澳大利亚煤炭产业发展 ………………………… 100
第六节　发达国家煤炭产业发展对我国的启示 ………… 102
第七节　本章小结 ………………………………………… 103

第五章　基于绿色矿业理念的煤炭产业发展模式构建 ………… 104
第一节　绿色矿业相关概念辨析 ………………………… 104
第二节　基于绿色矿业理念的煤炭产业发展模式的建立 …… 108
第三节　本章小结 ………………………………………… 128

第六章　基于绿色矿业理念的煤炭产业发展的政策保障体系 …… 130
第一节　现有相关政策保障基础 ………………………… 130
第二节　基于绿色矿业理念的煤炭产业发展的政策
　　　　保障体系总体架构 ……………………………… 137
第三节　技术与安全保障 ………………………………… 141
第四节　制度与政策保障 ………………………………… 146
第五节　法律与文化保障 ………………………………… 147
第六节　人才建设保障 …………………………………… 149
第七节　本章小结 ………………………………………… 151

第七章　全文总结和研究展望 ································· 152
　　第一节　全文总结 ·· 152
　　第二节　研究展望 ·· 154

参考文献 ·· 155

第一章 绪 论

第一节 研究背景及问题的提出

一 全球经济发展大背景下紧张的能源需求形势

矿产资源是自然资源的重要组成部分，是人类社会发展的重要物质基础。人类在追求社会经济快速发展的过程中，不断地从自然界索取更多的矿产资源。而矿产资源的粗放式开发，不可避免地造成植被破坏、生态失衡，导致水土流失，甚至导致地质灾害的发生，这种行为不仅是对自然界固有平衡的破坏，而且会对人类正常的生产生活造成不利影响。同时在人类进行矿产资源开发的过程中，资源未能得到充分和合理利用常常会发生，从而造成资源浪费的情况，这些是对矿产资源的极大挥霍。人类的这些行为积累到一定程度，必然对整个社会经济的发展形成不利影响。因此，越来越多的人认识到这些问题，并对如何在合理开发利用矿产资源的同时，减少对自然环境和社会经济的消极影响进行探讨和研究。

在全球经济追求快速发展的过程中，各种资源的需求量不断增加。矿产资源作为社会经济运行的重要物质基础，其需求量随着全球经济总量的上升而不断增加。矿产资源是由地质成矿作用形成的有用矿物或有用元素的含量具有工业利用价值的，呈固态、液态或气态赋存于地壳内的自然资源的统称。矿产资源属于非可再生资源，其整体储量是有限的。因此,随着全球经济步入高速发展的时代,各国对矿产资源的消耗都不同程度地增加,这样的情况加剧了能源需求紧张的形势[1]。在这种迫切的形势下,各国一方面合理开发利用矿产资源,通过优化资源配置以求实现矿产资源的最优耗竭,另一方面不断加大矿产资源利用最大化的研究。各国都立足于本国的实际国情,不断进行对矿产资源开发的模式和政策的探索。

目前,在一次性能源生产和消费中,我国实际情况为煤炭占据主导地位,且短时间内不会改变[2-3]。与石油和天然气比较而言,我国煤炭资源可供利用储量相对比较丰富,约占世界煤炭储量的11.67%,居世界第三位。我国煤炭资源总量为5.6万亿吨,其中已探明储量为1万亿吨,占世界总储量的11%,而石油仅占2.4%,天然气仅占1.2%。新中国成立以来,煤炭在全国一次能源生产和消费中的比例长期占70%以上。我国不仅是当今世界上第一产煤大国,占世界总产量比例达35%以上,而且是煤炭消费量最大国家。

二 我国的煤炭资源情况

1. 煤炭的形成

现阶段使用的煤炭资源多以块状、粒状或粉状的形态出现,它们的形成经历了一个无比漫长的过程。其中,一些因素对目前使用的煤质产生了影响,主要有以下因素:成煤的原始物质、沉积环境、积水情况及其化学介质和质变作用[4]。对于煤炭资源的形成过程,我们可以将其形成过程分为两个阶段:泥炭化阶段和煤化阶段。如表1-1所示。

表1-1 煤炭资源形成阶段

阶段	时期	物质基础	条件	方式	形成物
泥炭化阶段	远古时代	高等植物	浅海、湖泊、沼泽水、空气、细菌	繁殖、死亡、堆积	可燃物(泥炭)

续表

阶段	时期	物质基础	条件	方式	形成物
煤化阶段	地质年代	泥炭	埋藏、覆岩层压力	压紧、失水、胶体老化、硬结	褐煤
		褐煤	碳含量增加、氧含量减少、氮含量降低、纯煤发热量增高	褐煤沉降到地表下深部、高温、高压	烟煤、无烟煤

2. 煤的分类

煤通常分为褐煤、烟煤、无烟煤、半无烟煤等几种。煤的种类不同，其成分与质量不同，发热量也不相同，如表1-2所示。

表1-2 煤的分类

种类	形态	色泽	质地	特征
褐煤	块状	呈黑褐色	质地疏松	燃点低、火焰大、冒黑烟
烟煤	粒状，小块状或粉状	多呈黑色而有光泽	质地细致	易燃、燃烧时间较长、易结渣
无烟煤	粉状和小块状	黑色有金属光泽	质地紧密	燃点高、火力强火焰短、冒烟少、不结渣
泥煤	—	—	—	碳化程度最浅、发热量低、易燃

3. 我国煤炭的储量及分布特征

根据有关数据统计，截至2002年底中国煤炭储量中，可直接利用的为1886亿吨，人均探明煤炭储量为145吨，按人均年消费1.45吨推算，可以保证开采上百年。从目前可建井和生产井储量来看，山西、内蒙古和陕西储量位居前三，分别为584亿吨、462亿吨和164亿吨，云南、贵州和安徽紧随其后，列四、五、六位，储量依次为108亿吨、92亿吨和68亿吨，新疆和宁夏由于勘探程度不高,高级"储量"较少[5]。

我国煤炭资源种类丰富,在现有探明储量中,已发现烟煤、无烟煤、褐煤,所占比例分别为75%、12%和13%。其中,原料煤、动力煤分别占27%和73%。从分布上来看,动力煤主要在华北和西北,储量分别占全国的46%和38%,炼焦煤主要集中在华北,而山西和贵州则主要为无烟煤的集中地。

我国各省份煤炭资源的分布见图1-1。

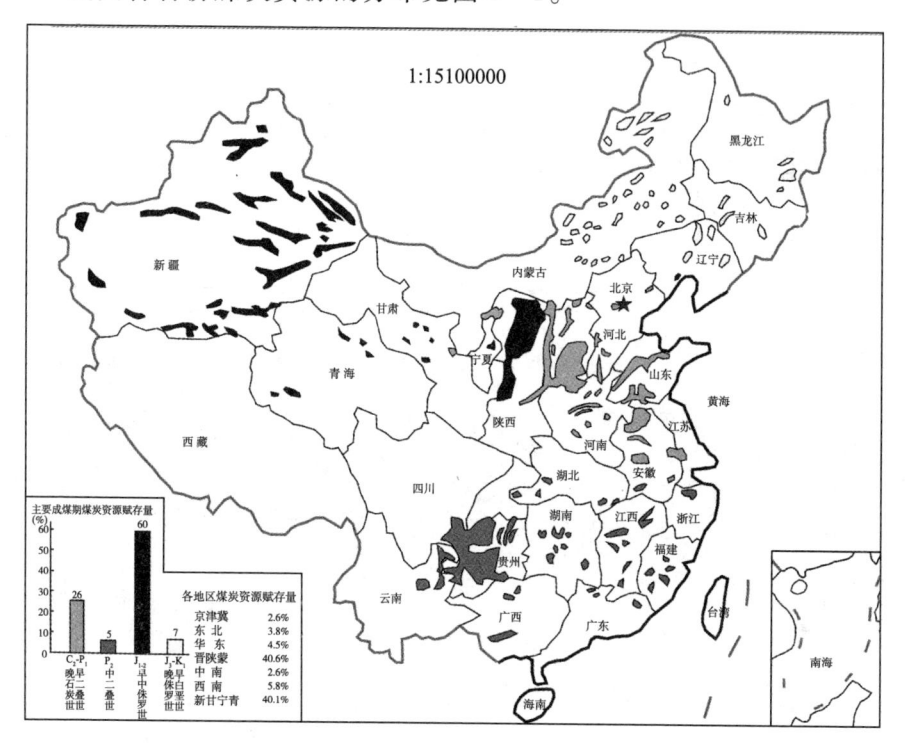

图1-1 我国各省份的煤炭储量分布[68]

从表1-3数据中可以看出,我国煤炭资源分布为西多东少、北多南少,且分布与消费区极不协调。各区域煤炭资源的分布也极不平衡,如表1-4所示:华东地区的煤炭资源87%集中在安徽、山东,而工业集中地为长江三角洲地区;河南拥有中南地区煤炭资源的72%,而工业集中地为珠江三角洲地区和武汉;贵州拥有西南煤炭资源的67%，而工业集中地为四川；东北地区52%的煤炭资源集中在北部黑龙江，而工业集中地为辽宁。

表1-3 我国煤炭储量在各省的分布情况

单位：亿吨

省(区、市)	预测资源量	褐煤	低变质烟煤	气煤	肥煤	焦煤	瘦煤	贫煤	无烟煤
北京	86.72	—	—	—	—	—	—	—	86.72
天津	44.52	—	—	44.52	—	—	—	—	—
河北	601.39	9.98	7.24	508.44	30.19	—	—	—	45.54
山西	3899.18	12.68	53.85	70.42	343.90	508.02	301.89	589.79	2018.63
内蒙古	12250.4	1753.40	9004.00	1079.45	11.02	364.18	0.23	23.96	8.15
辽宁	59.27	6.04	25.35	7.52	1.05	1.63	—	2.15	15.53
吉林	30.03	7.46	11.06	3.68	0.48	0.71	1.88	1.96	2.80
黑龙江	176.13	44.49	8.53	83.33	—	37.65	0.55	1.58	—
上海	—	—	—	—	—	—	—	—	—
江苏	50.49	—	—	34.71	1.57	6.90	2.022	3.45	1.84
浙江	0.44	—	—	0.44	—	—	—	—	—
安徽	611.59	—	0.66	370.42	35.00	154.37	33.69	3.56	13.89
福建	25.57	—	—	—	—	—	0.09	—	25.48
江西	40.84	—	0.38	1.60	0.83	6.09	2.35	5.52	24.07
山东	405.13	24.67	3.23	220.68	76.50	5.64	—	27.66	46.75
台湾	—	—	—	—	—	—	—	—	—
河南	919.71	8.82	3.75	86.11	19.20	163.77	87.94	109.29	440.83
湖北	2.04	—	—	—	—	—	—	0.49	1.55
湖南	45.35	—	0.15	1.27	2.28	2.06	1.31	1.65	36.63
广东	9.11	0.41	—	—	0.06	0.07	—	0.74	7.83
广西	17.64	1.69	1.44	—	—	—	0.44	5.46	8.61
海南	0.01	0.01	—	—	—	—	—	—	—

续表

省（区、市）	预测资源量	褐煤	低变质烟煤	气煤	肥煤	焦煤	瘦煤	贫煤	无烟煤
四川	303.79	14.30	—	4.90	5.71	75.46	55.38	14.78	133.26
贵州	1896.90	—	—	5.22	41.40	319.57	133.97	247.27	1149.47
云南	437.87	19.11	0.67	6.22	3.58	124.00	31.17	125.48	127.64
西藏	8.09	—	0.08	0.08	0.20	0.13	0.14	0.03	7.43
陕西	2031.10	—	523.79	800.15	115.89	111.49	64.45	94.53	320.80
甘肃	1428.87	—	242.49	1172.99	1.63	—	5.72	4.83	1.21
宁夏	1721.11	—	1264.83	84.31	20.73	17.75	24.79	123.52	185.18
青海	380.42	—	143.60	51.86	7.85	33.00	30.34	81.18	32.59
新疆	18037.3	—	12920.0	4754.50	312.60	24.80	25.40	—	—
全国	45521.0	1903.06	24215.1	9392.38	1032.11	1957.29	803.75	1468.88	4742.43

数据来源：赵国浩，阎世春等：《煤炭工业可持续发展模式研究》，经济管理出版社，2008。

表1-4 我国煤炭资源在各区域的分布

区域	煤炭资源集中地	工业集中地
华东	安徽、山东	长江三角洲
中南	河南	武汉、珠江三角洲
西南	贵州	四川
东北	黑龙江	辽宁

三　我国煤炭产业的发展现状

煤炭结构多元化的消费特征，使得建材、化工、冶金和电力这四个主要煤炭耗费行业的消费量占总量的70%，其中电力行业消费量就占总量的一半以上。在煤炭消耗过程中，不仅高消耗、高浪费等现象凸显，而且还排放大量的二氧化碳、二氧化硫、氮氧化合物等气体，这些气体都成为温室效应[6]的直接来源。在这样的情况下，我们就需要进行煤炭资源的合理开发利用,同时在这样的过程中不断探索适合我国煤炭产业发展的模式与政策,进而更好地指导整个煤炭产业的发展。

我国经济的不断发展,以及对环境保护工作的重视,对各个行业的发展都不同程度地提出了新的要求。可持续发展、科学发展观、低碳经济、循环经济等发展理念的提出更对众多行业的发展提出更高层次的要求。以往伴随着高消耗、高浪费、高污染现象的煤炭产业,如何适应新时期的发展需要,如何在保持行业自身高速发展的同时达到这些标准,需要我们不断地进行相关课题的探索,以推进整个煤炭行业的发展迈上一个崭新的台阶。

四　我国煤炭产业发展过程中出现的问题

虽然煤炭资源在我国社会经济的发展过程中扮演着重要的角色,但是长期以来存在的粗放式发展模式,导致在煤炭资源的开发利用的过程中存在很多的问题。主要表现在以下几个方面。

① 不合理开采导致煤炭资源耗费率高,造成严重浪费。作为化石能源,煤炭资源是一次性能源,是不可再生资源。但是长期以来,煤炭工业实行粗放经营、"有水快流"的煤炭政策,以及"大、中、小型煤矿并举,国家、集体、个人一起上"的方针,导致很多生产技术不达标的煤矿企业迅速发展。这些煤炭企业在生产过程中,由于生产技术落后、环保措施不到位等原因,往往采取"掠夺式"开发,导致煤炭的回采率低下同时造成煤炭开采区域生态破坏和环境污染。而且,煤炭开采过程中采富弃贫、采主弃副的现象普遍存在。虽然国家采取了各种措施推进煤炭资源整合工作,但是由于各个地区实际情况的不同,往往在整合完成后会出现小矿区或矿井分包的情况,严重影响了资源整合的效果。

② 不合理开发利用带来严重的生态环境问题。虽然目前我国相关的法律法规都对矿产资源的开采和环境保护工作做了一定规定，但是由于种种原因，目前我国煤炭资源开采过程中生态破坏和环境污染的现象仍十分严重（见表1-5）[7]。

表1-5 煤炭资源开采过程中的环境污染

危害对象	具体成因	影响
土地资源	开采产生的废渣、废石	水土流失、土地沙漠化
地质结构	开发诱发地表塌陷等	地面开裂、崩塌和滑坡等地质灾害
地矿水	开采导致矿区水均衡遭到破坏	田变旱地、井泉干涸、群众吃水难
大气	废气排放主要是烟尘、二氧化硫等	矿山地区遭受不同程度的污染
地貌景观	采矿破坏自然地貌景观，影响整个地区环境的完整性	粗放式的发展模式致使矿区生态与环境持续恶化，进而对整个地区环境的完整性产生不利影响

③ 我国煤炭资源开发利用的安全生产形势严峻。近年来，我国各地煤炭资源开采的安全事故频发，常常发生渗水、塌陷、瓦斯爆炸的情况[8]。虽然国家加大了对各类煤矿的整治力度，但是由于资源开采的历史原因，煤炭的开采设备进入报废高峰期，严重影响了煤炭工业的健康发展和社会稳定。

④ 煤炭产业结构单一，技术装备落后。在煤炭产业发展的过程中，很多企业为了追求短期利益，形成了以煤炭开采为主的单一化结构，无法有效实现煤炭产业下游的后续加工以及非煤资源开采利用来创造更多的经济价值，使得资源大量浪费。同时，由于煤炭产业的基础设施配备不齐，再加上生态环境恶化、受计划经济体制的残余影响等，煤炭加工业和非煤加工业发展严重滞后，直接导致了煤炭产业上下游比例失衡，结构原始单一[9]。

⑤ 煤炭行业市场集中度低，缺乏竞争性。从实际情况出发，我国煤炭产业是一种分散性产业，没有一家企业能对整个产业的发展产生实质性影响，导致整个煤炭市场"无序分散"，缺乏竞争性。

五 国家对煤炭产业发展提出的新要求

1. 加快煤炭基地建设，深入煤层气开发

为保障全国能源安全，确保煤炭稳定供应，我国加大了大型煤炭基地的建设实施力度。"十二五"以来，按照"控制东部、稳定中部、发展西部"的要求[10-11]，我国煤炭产业向西部转移的力度不断加大。同时加强了对全国煤层气抽采利用规划研究，煤层气开发与煤炭生产相结合，加大推进煤矿先抽后采的力度，为煤矿生产安全提供前提保障。

2. 调整煤炭产业结构，发展循环经济

在加快大型煤炭基地建设的基础上，为提高煤炭产业效益，推进资源开发、环境保护与区域经济协调发展，要进一步调整煤炭产业结构，推进资源整合和企业重组，建设现代化大型煤矿和高效安全矿井，提升煤炭生产力水平[12]。同时，促进煤炭上下游产业一体化经营，形成产业集群效应；深化煤炭市场化改革，推进煤炭资源资产价值核算制度建设，逐步完善市场定价机制，以其市场价值反映稀缺程度、供求关系、安全成本和环境成本。

另外，从源头上促进节能减排，要求进一步转变经济发展方式，深入发展以煤为基础的循环经济，提高煤炭资源综合利用水平。在煤炭产业发展建设的过程中，统筹兼顾，合理安排大型煤炭基地建设，建立起以煤炭产业为主的循环经济产业链条。

3. 推进煤炭科技进步，加强人才培养

"科技是第一生产力"，煤炭产业的可持续发展离不开煤炭科技的

支撑。现代煤炭产业的发展，要求我国在"十二五"期间，进一步加大煤炭重大基础理论和科技攻关投入，推进煤炭科技的快速发展。一方面，要加快国产煤炭装备的研发进度，推进千万吨级以上年产的采选成套装备的研发与试验，迅速完成产品研发与推广。另一方面，要围绕煤矿高效现代化开采与综合利用技术开展科技集成研究，加大科技创新，提升生产力。

人是科技进步的核心力量。然而长期以来，我国煤炭产业从业人员素质普遍较低，与实际要求相差较大。提升煤炭科技水平，要求把煤炭从业人才的培养放在首要位置，要根据我国煤炭产业发展的实际需要，培养一批素质高、业务强的专业人才；制定优惠的就业政策，建立人才引进与激励机制，吸引专业人才前往煤矿基层工作，为煤炭工业持续健康发展提供人才支撑[13]。同时，要加大煤炭产业工人的培训力度，把岗前培训和在岗培训作为一项从业硬性规定长期贯彻执行，促进全体煤炭从业人员素质的全面提高。

六 发展绿色矿业理念的提出

在进行我国煤炭产业发展模式与政策探索的过程中，出现了几种比较具有代表性的理论：可持续发展理论、循环经济理论、低碳经济理论。这些理论作为我国煤炭产业发展模式与政策的基础，不断指导着我国煤炭产业进行良性的转变和发展。但是这些理论都是从煤炭产业涉及的一个或几个方面进行研究的，难免会存在一定的局限性。衍生于绿色经济的绿色矿业理论正是在这样的背景下出现的。绿色矿业理论是对煤炭产业发展涉及的整个过程进行全方位的研究，从而能够更全面、更宏观地指导煤炭产业的发展。

国内对于绿色矿业的研究，众多学者主要基于目前我国矿产资源开发利用导致的严重环境问题进行理论探索与思考。从"绿色矿业"

发展理念提出的背景考虑，寿嘉华认为我国矿产行业长期以来不合理的开发利用模式，导致了严重的生态环境破坏及资源浪费问题，严重制约了我国经济社会的可持续发展。姜建军认为我国在矿产资源开发利用中，依然存在的粗放式的发展道路显然已经不能满足我国经济的长远发展，在这样的背景下，国家提出了发展绿色矿业的理念。

第二节　国内外研究综述

一　产业发展模式问题的研究

发展模式是产业经济学和发展经济学的常用语之一，即一个国家、一个地区在特定的生活场景中，也就是在自己特有的历史、政治、经济、文化等背景下所形成的发展方向，以及在体制、结构、思维和行为方式等方面的特点，是世界各个国家或地区在实行现代化道路过程中对政治、经济体制及战略的选择。

产业发展模式就是指产业（宏观的产业或某一特定产业）在特定的发展阶段、特定国家或地区具有特色的发展道路和方略，包括资源配置方式、产业政策措施等。不同产业在探索符合自身发展特点的发展模式的过程中，往往会引进一些先进的经济发展理论和理念，指导自身的发展，同时充分发掘自身的特点和优势，形成各个产业不同的发展模式，从而促进该产业在经济快速发展的大背景下的长远发展，并在此基础上获得良好的经济效益。

"结构转换理论[14]"源于克拉克、霍夫曼和库兹涅茨的经济研究，他们认为一个国家产业结构调整的过程是从低级到高级转化的过程，而这个过程是主动的，需要政府制定积极的政策加以推动。

T.库恩在《科学革命的结构》中提出了"范式"理论，即一种新范式的诞生，不仅意味着一种新范式观念被广泛接受和认可，也意味着一次科学革命的到来。美国经济学家 R. Vermon 提出了产品生命周期模型及其理论，提出"生产→出口→进口"的全球产业发展模式。

"后发优势理论"源于李嘉图和李斯特的经济理论，主要考虑的是国际产业分工，落后国家可以利用不同的渠道建立自己的优势产业，比如，依赖国家的产业扶持，或者利用自己廉价的劳动力成本、进行技术模仿等。

日本经济学家赤松要在 1932 年提出了产业发展的"雁形形态论"，即"雁形模式"（Fling Geese Paradigm），他主张本国产业发展要与国际市场接轨，国家在后期可以通过"进口→进口替代→出口→重新进口"四个阶段来加快本国工业化进程。后来，日本学者山泽逸平将"雁形产业发展形态"理论加以扩展，提出了"引进→进口替代→出口成长→成熟→逆进口"五个阶段。

汪斌在研究东亚国际产业分工的发展的过程中发现，东亚经济发展中原有"雁形模式"形成的一些内外在条件已发生变化，旧的"雁形模式"开始向新的产业发展模式转换，通过吸收发达国家的资本技术，使自身原来齐全型的产业结构提升发展成为更高层次的齐全型产业结构，即形成另一个大三角形结构。至此，整个的发展形成由"雁形模式"向"双金字塔模式"转换。

石碧华认为产业发展遵循"梯度发展理论"，即在产业发展过程中，因为不同产业的发展技术水平存在很大的差距，因此从产业自身发展的特点来看，可以考虑优先发展技术水平高的产业，待这些技术水平高的产业发展相对成熟之后，再发展技术水平较低的产业。

范保宁、周运清提出产业发展的多增长极发展战略，认为在我国产业发展过程中，应当构建全国市场体系，合理开发利用地方资源、充分发挥地区比较优势、强化区域经济合作、促进区域要素合理流动和区域产业合理转移，保持地区间经济发展水平处于平衡状态，确保我国社会经济的总体发展效益进入最佳状态。

靳光华、王传仕在研究高新技术产业的过程中指出，鉴于我国资源有限的现实情况，我国在产业发展中，应根据实际情况和比较优势确定主导产业作为重点发展的方向，只有在经济发展到一定的水平后，才能采取多极产业共同发展的模式。基于这些研究，他们指出我国高新技术产业的发展目前应采取单一增长发展模式。

二 煤炭产业发展研究

从俄罗斯煤炭产业的发展来看，俄罗斯以上层管理体系及生产企业两方面为出发点进行调整。首先，整合国内煤炭工业管理机构，取消企业主管的管理体系，改为以政府监管为主的煤炭工业管理体系，俄罗斯通过组建能源部煤炭工业委员会对煤炭工业实施全面管理，形成了以调配司、安全司为基础，工委会为总体指导的煤炭产业管理模式。其次，在加大政府宏观调控的同时，俄罗斯引入了股份制，对一半的企业实施股份制改革，并对生产条件恶劣、生产效益低下的企业进行了整理[15]。除此之外，对于与煤炭工业相关的基础设施、住房等公益产业进行了规划调整，纳入政府管理的范畴，这一做法为减轻企业负担、提高煤炭产业发展提供了动力。经过调整后，俄罗斯煤炭产业取得了较大发展，露天开采等技术含量较高的煤炭开采范围不断拓宽，同时在电力技术的支持下，煤炭工业的进一步发展得到了支持。但综观俄罗斯煤炭工业的发展状况，仍存在许多问题：首先，资金的缺乏使得煤炭企业难以更新设备，更难以筹建新矿；其次，俄罗斯煤炭资源主要分布在西西伯利亚和东西伯利亚，煤炭利用的运输成本过高，进而导致在价格竞争中处于不利地位；最后，众多煤炭企业还面临着下岗工人的再就业问题。这些问题都不同程度地困扰着俄罗斯煤炭产业的进一步发展。

从日本的煤炭产业的发展来看，由于本国自身资源条件的限制，日本煤炭产业发展的资源主要是从国外进口，自身的煤炭产出量很少。基于这样的现实情况，日本制定了一系列的产业政策来保证国内的煤炭需求和产业发展需要。第一，为保证日本今后对煤炭的需求，从政策上支持本国煤炭中心机构的建设和完善。第二，日本通过国际合作、政府信贷支持等方式为能源的发展提供了政策及经济支持，为日本的能源供应及产业发展提供了保障。第三，日本政府为煤炭工业发展提供了较多的资金支持，通过财政补贴、税费补助等经济手段为煤炭的调查、开采、物流等提供了充足的资金，并通过拓宽发展、建设供应基地以保障煤炭的供应。第四，在建立充足煤炭供应体系的同时，日本政府还大力发展煤炭技术，通过提高煤炭燃烧技术提升其燃烧率及洁净率，并在煤炭转化利用上取得了长足的发展[16]。

从美国的煤炭产业发展来看，开放性的竞争环境致使美国形成了"三超多强"的寡占型市场结构，就煤炭市场行为而言，其发展主要依靠市场运作，政府并未对煤炭实行统一定价，而由供需双方根据国际市场需求商定。同时长期的市场竞争使市场集中度不断提高，随着3家具有市场主导力量的大型煤炭公司的出现，美国煤炭产业高垄断、低竞争的市场态势逐渐形成。

就我国煤炭产业发展的出发，我国煤炭产业的发展为劳动就业、社会稳定和促进整个社会经济的发展发挥了积极作用。但是与此同时，也积累了一系列困难和问题，煤炭产业的持续健康发展面临严峻挑战，主要有以下几点。第一，线性经济模式长期存在。主要特征是大量生产、大量消耗、大量废弃。第二，粗放型矿业经济特点明显。由于在产业规模、技术装备、生产工艺等方面仍然落后，在较长的一段时间还不能改变矿产品制品企业提供初级产品的角色。第三，封闭型矿业经济仍未改变。改革开放以来,矿业部门的开放速度滞后于其他部门[17]。很多矿山走的仍然是"一个矿山一个企业,矿山与企业共存亡的老路子"。第四,单一开发型经济矛盾突出。由于矿石成分复杂,选冶难度增大,伴生矿产很难得到有效利用,同时,采富弃贫的现象既造成资源浪费又污染环境。第五,重开发、轻保护问题仍很严重。突出表现在:资源开发方式粗放,浪费严重;资源无序开发导致生态环境破坏严重;采选技术落后,危害了矿区居民身体健康,威胁了他们的安全;资金投入不足,矿山环境修复治理任务艰巨。第六,勘查与开发融合不够。由于地勘单位与矿山企业分属不同部门,存在"两张皮"的问题。一方面许多地勘单位拥有大量矿点和普查矿山,却没有足够资金投入,仅靠国家规定的最低投入费用加以维持;另一方面,矿山企业特别是资源不足的老矿山,要进行普查找矿却找不到理想的靶区,有希望找到新矿源的地区又都被地勘单位登记占用了,贸然买下风险太大,其结果是后备资源供应不上,影响矿山持续发展。

三 绿色矿业问题研究

从发展演变的实际过程来看,绿色矿业理念可以看作绿色经济理论的一个衍生,是众多学者将绿色经济的发展理念运用到矿产资源开发的过程中逐渐形成的。在国外,关于绿色矿业理论的系统化研究比较缺乏,但绿色矿业的理念早已贯穿矿业开发利用的整个过程,在这样的过程中形成了多种与绿色矿业相关的理论,主要有以下几个。

"绿色经济"最初是由经济学家皮尔斯在1989年出版的《绿色经济蓝皮书》中提出来的,其萌芽要追溯到20世纪60年代开始的"绿色革命",主要针对的是绿色植物种植的改进。继2007年联合国巴厘岛气候会议之后,"绿色经济"便出现在各个国际会议的议题之中,成为一个新的能够引领世界经济活动走向的概念。它是一种以市场为导向，以传统产业经济为基础，以生态环境建设为基本产业链，以经济与环境的和谐为目的而发展起来的经济形式，是产业经济为适应人类新的需要而表现出来的一种状态。绿色经济将众多有益于环境的技术转化为生产力，并通过环境友好的经济行为，实现经济的长期稳定增长[18]。

生态经济（Ecological Economy）作为一门独立的学科，创建于20世纪60年代后期。它主要是指在生态系统承载能力范围内，运用生态经济学原理和系统工程方法改变生产和消费方式，挖掘一切可以利用的资源潜力，发展一些有利于经济发展、生产高效的产业，建设体制合理、社会和谐的文化以及生态健康、景观适宜的环境，实现经济腾飞与环境保护、物质文明与精神文明、自然生态与人类生态的高度统一和可持续发展。1980年，联合国环境规划署召开了以"人口、资源、环境和发展"为主题的会议，并确定将"环境经济"（即生态经济）作为1981年《环境状况报告》的第一项主题。由此，生态经济学作为一门既有理论性又有应用性的新兴科学，开始为世人所瞩目。

循环经济（Cyclic Economy）产生于环境保护兴起的20世纪60年代[19]。1960年，美国经济学家鲍尔丁在"宇宙飞船经济理论"中提出要以"循环式经济"代替"单程式经济"以解决环境污染与资源枯竭问题。1962年美国海洋学家切尔卡逊发表了《寂静的春天》，指出生物界以及人类所面临的危险，敲响了环境危机的警钟。循环经济主要是以资源的高效利用和循环利用为核心，以减量化、再利用、资源化为原则，以低投入、低消耗、低排放和高效率为基本特征，符合可持续发展理念的经济发展模式。

低碳经济（Low Carbon Economy，LCE）是以"低能耗、低排放、

低污染"为基础的经济发展模式,源于20世纪90年代以来气候问题备受关注的国际大背景。瑞典科学家阿列纽斯在1896年预测大气中二氧化碳(CO_2)浓度升高将带来全球气候变化,这已经被事实证实。在此背景下,1992年《联合国气候变化框架公约》、1997年《京都议定书》获得通过。2003年英国政府在《我们的能源未来——创造低碳经济》的能源白皮书中首次提出了低碳经济的概念。之后,低碳经济无论是在国际舞台上还是在国内,都开始受到广泛关注。

目前,低碳经济作为循环经济的重要组成部分,已被各国视为应对能源、环境和气候变化挑战的重要手段和实现经济转型、可持续发展的必由之路。

以上这些相关理论的提出及发展对绿色矿业理论的研究具有巨大的促进意义,不仅为绿色矿业理论体系的构建提供了参考,而且对将绿色矿业理念逐步运用到实际的矿产资源开发利用过程中具有重要的借鉴意义。

第三节 选题的研究意义

煤炭产业的发展模式与政策问题是关系中国煤炭业良性发展,甚至是关系国民经济健康发展的重大问题。煤炭产业的发展模式与政策出现问题,会直接对整个产业及产业链的发展造成不利影响,而煤炭产业的衍生产业发展链条几乎涉及国民经济的各个方面。因此,进行煤炭产业发展模式的进一步完善及其政策的探索就显得尤为重要了。

一 选题研究的理论意义

本书的理论意义在于:关于煤炭产业发展模式与政策的研究有很多,但是它们都是从煤炭产业发展所涉及的技术、政策、清洁生产模式、循环经济的实现途径、案例研究的框架分析等着手进行研究的，因此都存在局限性。绿色矿业是绿色经济理论的一个发展衍生，它将绿色经济的概念引进矿业发展领域，充分结合矿产资源开发的实际情况，进行煤炭产业发展模式与政策的探索。虽然绿色矿业发展问题在世界范围内的煤炭产业发展实践中广受关注，但其在煤炭产业领域的理论研究中并不受重视。因此，基于绿色矿业新理念进行煤炭产业发展模式与政策的研究是对煤炭产业发展理论的拓展和延伸。

二 选题研究的现实意义

本书的现实意义在于：我国煤炭开发利用的历史由来已久，经过长期的发展，特别是新中国成立后的建设发展，我国的采煤工艺和机械化利用程度大大提高，煤炭资源已经成为我国能源消耗的重要来源。然而，随着我国煤炭资源消耗需求的不断扩大，煤炭产业的发展面临一系列的重要问题：煤炭开发对周边环境的不利影响越来越大，煤炭开发遗留的生态问题也越来越突出，同时煤炭产业的整体发展仍然存在高消耗、高浪费的问题，这些问题都会不同程度地影响煤炭产业的正常发展。因此，煤炭产业发展模式与政策的研究直接关系到煤炭产业健康良性的发展。在全球经济一体化背景下，完善和健全我国煤炭产业发展体系就显得至关重要。基于绿色矿业新理念进行煤炭产业发展模式与政策的探索研究，能够直接为构建合理的煤炭发展体系提供重要帮助，同时也有利于进一步规范我国的煤炭开发行为，进而促进煤炭产业结构调整优化，实现煤炭产业的绿色发展，不断提高我国煤炭产业的整体发展水平，从而使煤炭资源的开发更好地为国民经济的发展服务。

第四节 选题研究的主要内容和方法

一 选题的研究内容

本书的研究立足于我国煤炭产业发展面临的资源与环境问题，结合当前资源节约、产业集约化发展的现实背景，基于我国煤炭资源开发利用现状以及煤炭产业发展的实际角度，将从理论和文献研究出发，通过对其发展现状及发达国家煤炭产业发展等相关问题的分析及借鉴，研究绿色矿业理念指导下煤炭产业发展模式问题。

本书一共由七个章节组成，第一、二和七章分别为绪论、理论基础和全文总结与研究展望部分，第三章到第六章为核心章节。本书从对煤炭产业可持续发展、绿色化发展等相关文献的梳理与理论基础研究出发，首先对我国煤炭产业发展现状进行阐述，并结合煤炭产业发展的具体特点，对其存在的问题进行分析，指出煤炭产业发展模式调整的必要性。其次通过借鉴国外发达国家煤炭产业发展的先进经验，结合我国的具体国情以及经济的运行模式，得出适合本国煤炭产业发展的几点启示。再次在绿色矿业理念的指导下，从煤炭产业绿色化发展的技术支持、资本运行、人才培养以及市场促进新机制四个维度构建煤炭产业发展的新模式，并基于新模式对我国煤炭产业以及经济的发展进行初步的展望。最后，基于新模式发展的需要，构建一套包括技术与安全保障、制度与政策保障、法律与文化保障、人才建设保障体系在内的政策保障体系。进而有效指导我国煤炭资源开发实践，促进我国煤炭产业的健康良性发展，同时为国民经济的发展提供重要的能源保障。

本书研究的技术路线见图1-2。

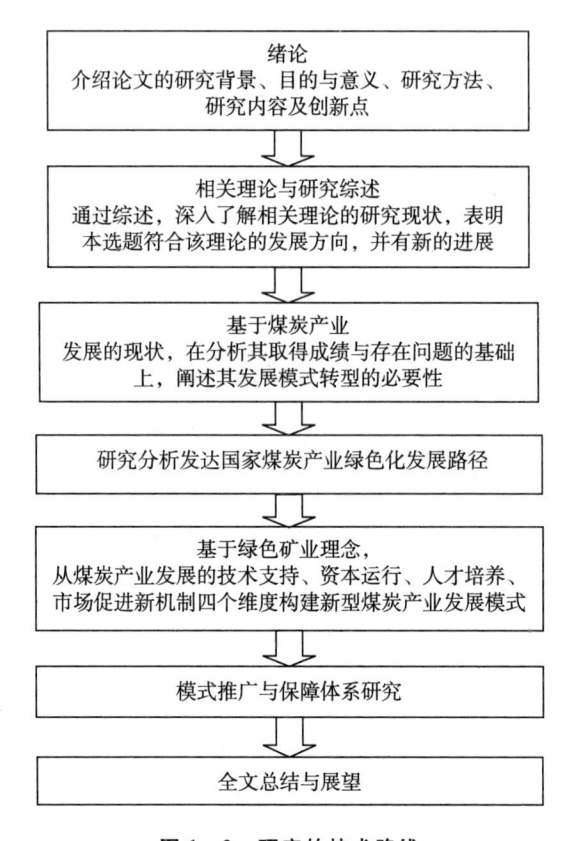

```
┌─────────────────────────────┐
│          绪论                │
│ 介绍论文的研究背景、目的与意义、研究方法、│
│      研究内容及创新点           │
└─────────────────────────────┘
              ↓
┌─────────────────────────────┐
│      相关理论与研究综述          │
│ 通过综述，深入了解相关理论的研究现状，表明│
│ 本选题符合该理论的发展方向，并有新的进展  │
└─────────────────────────────┘
              ↓
┌─────────────────────────────┐
│        基于煤炭产业            │
│ 发展的现状，在分析其取得成绩与存在问题的基础│
│    上，阐述其发展模式转型的必要性    │
└─────────────────────────────┘
              ↓
┌─────────────────────────────┐
│ 研究分析发达国家煤炭产业绿色化发展路径 │
└─────────────────────────────┘
              ↓
┌─────────────────────────────┐
│        基于绿色矿业理念，        │
│ 从煤炭产业发展的技术支持、资本运行、人才培养、│
│ 市场促进新机制四个维度构建新型煤炭产业发展模式│
└─────────────────────────────┘
              ↓
┌─────────────────────────────┐
│      模式推广与保障体系研究       │
└─────────────────────────────┘
              ↓
┌─────────────────────────────┐
│         全文总结与展望          │
└─────────────────────────────┘
```

图 1-2　研究的技术路线

二　选题的研究方法

本书的研究以马克思的辩证唯物主义和历史唯物主义方法论为指导，综合采用了以下研究方法。

一是经验分析。通过查阅文献资料，访问绿色矿业、绿色矿山研究领域的专家，展开实地调研，对我国煤炭矿山绿色发展现状研究、问题与可行对策形成感性认识。在此基础上，通过具体的数据与理论，把握我国煤炭产业发展新阶段绿色矿山建设的内容和特征，建立我国绿色矿业发展政策调整转变的基本认识。

二是理论分析。全文综合运用产业发展理论（绿色产业理论）、绿色经济理论、系统理论、政府行为理论等相关理论对煤炭产业发展模式和政策进行研究。

三是实证分析。实证研究又分为理论研究和经验研究两部分。理论研究是通过考察实际经济运作状况，从中归纳可能的经济运行规律，然后从一定的经验假设出发，以严密的逻辑推理演绎，证明这些经济规律并推演可能存在的规律。

四是定量分析。本书在定性分析煤炭产业发展模式转变、煤炭产业组织模式、绿色矿业视野下的新型煤炭产业发展模式的基础上，定量分析了我国煤炭产业发展水平的演化过程与形成机理，以及发展水平时空差异的演变特征与形成机理等，从而为后续的政策建议部分提供了有力支撑。

第五节　主要创新点

本书选题来源于国家能源局、中国能源研究会项目，在学术上属于比较前沿的研究课题，主要创新点有以下几点。

第一，基于我国工业快速推进的背景及煤炭产业发展的新特征，从煤炭矿山资源节约、环境保护、生态健康和社会和谐的角度，通过具体的指标要求研究寻求绿色矿业发展的主要和关键因素，系统挖掘我国绿色矿业发展的有效途径，突破现有绿色矿业发展定性研究的限制。

第二，结合产业发展水平分析的结果，对我国煤炭产业发展水平时空差异的演变特征与形成机理展开了历史分析和理论解释，并结合低碳经济发展的背景，提出了我国煤炭产业高效率、清洁化、可持续的产业发展方向。

第三，结合政府管理部门对绿色矿业发展的相关要求和矿区经济社会可持续发展、生态环境保护、产业结构调整与转型的相关内容，建立煤炭产业发展新模式及配套保障体系。该模式及其配套体系注重与政府管理部门绿色矿业、绿色矿山、和谐矿区相关政策的衔接，兼顾了科学性与针对性。

第四，通过跨年度对比研究等具体研究方法，使本书的研究过程与结论实现共性与个性的统一，其成果可为煤炭产业绿色化发展提供决策依据，使理论研究服务实践发展。

第二章 煤炭产业发展模式转变的理论基础

第一节 产业发展理论

产业发展理论是研究产业的发展规律、发展周期、构成要素、产业组织、产业聚集与扩散、发展政策等问题的理论。研究产业发展理论对政府部门制定产业政策、实施产业决策及企业判断战略方向具有十分重要的战略意义,对煤炭产业发展模式的研究,具体而言,涉及如下方面。

1. 产业结构演变理论

产业结构同经济发展相对应而不断变动,主要表现是以两个方面的演进不断推动产业结构向合理化方向发展:在产业高度方面不断由低级向较高级演进;在产业结构横向联系方面不断由简单化向复杂化演进。

(1) 配第 - 克拉克定理。1940 年经济学家科林·克拉克(C. Clark)在威廉·配第(William Petty)国民收入与劳动力流动之间关系学说的基础上提出了配第 - 克拉克定理。理论内容以人均收入水平为基点,分析劳动力逐步从第一产业向第三产业转移所产生的变化,根据定理对不同人均收入水平的国家和地区进行分析。

(2) 库兹涅茨法则。库兹涅茨(Simon Kuznets)通过研究配第 - 克拉克定理,在其基础上统计分析了各个国家国民收入和劳动力在产业间分布结构的变化,并提出了著名的库兹涅茨法则,分析了农业、工业、服务业等部门的国民收入与国民总收入的关系。

(3) 技术升级与产业链延伸。由于产业形式与产业技术变更速度不一致,对产业的改造不能单纯依靠产业升级,而必须立足于传统的产业技术革新,通过对传统产业技术进行改造,包括引入高新技术及培育新的产业形态以提高产业自身的质量,如采用生物技术改造农业、发展分子农业产业等。从某种意义上说,产业结构升级是落后技术的革新而非产业的改造[20]。同时,在技术产业链之中,拓宽现有产业的价值链以增加其附加值,并通过完善企业产业链结构,实现产业结构升级。

2. 区域分工理论

区域分工理论是以城市为落脚点,剖析"城市"在特定区域中体现的优势、劣势及相关的发展潜力,并以调查分析的结果为基础材料,对城市在区域中角色予以准确定位的理论。

(1) 比较优势理论

比较优势理论是城市规划过程中产业定位比较常用的理论之一,主要包括绝对优势理论和相对优势理论。

① 绝对优势理论。在著名的《国富论》中,亚当·斯密对国际分工与经济发展的相互关系进行了系统阐述,提出了绝对优势理论。他认为不同的区域产业发展及产品生产成本不同,各个国家和地区按照成本优势生产最低成本的产品,通过贸易使生产的产品在不同国家或地区进行交换,这些国家或地区在成本绝对优势的分工中可以获得生产上的最优。

② 相对优势理论。大卫·李嘉图在《政治经济学及赋税原理》一书中立足于劳动价值论,通过研究不同国家、不同产品的模型,提出了比较优势理论,也即相对优势理论。不同劳动生产率拉开了不同

区域（国家）商品生产方面的差距，在产品或生产上处于优势的国家仅将发展集中于价值最高、利益最大的产品生产上，而较少发展或不发展弱势产业；产业优势不明显或劣势的国家则可根据自身的情况选择相对有优势或劣势较小的产业进行发展。按照国际分工，彼此都可以在贸易往来中增加自身的利益。目前的国际分工就是基于相对优势理论这一指导原则进行的，发展中国家根据自己的实际情况发展初级产品制造业和低附加值产业，而发达国家依托自身的技术优势和资本积累发展高附加值产业和高新技术产业等。

（2）新贸易理论

当前现实经济的高速运转，传统产业理论与之不适应的环节逐步凸显，应当实现二者的有机结合，进而使理论更好地服务于经济发展的需要。新贸易理论是美国经济学家保罗·克鲁格曼提出的以收益递增原理为基础，通过对不同国家间产品贸易的特点及趋势进行归纳而总结的区域贸易规律。该理论认为，不同国家间相似或同类产品间的贸易差异是由专业产业化所导致的，而不受国家生产要素禀赋的影响或仅受很小的影响。每种专业在历史的发展进程中都会受某种偶然因素的影响，尤其在竞争市场发展不全面及产品种类趋同的情形下，微观尺度上生产技术条件方面的差异决定了生产要素的需求和回报状况[21]。

首先，生产技术的变化能够直接影响生产要素的收益格局和需求结构；其次，通过生产技术革新可以使同类产品或要素在贸易环境发生变化的情形下仍能促成贸易的达成。因此，他认为通过生产技术来完善贸易市场，才是实现产业升级的最佳途径。

同时，新贸易理论还从不完全竞争行为及收益递增的原理中提出了外向型经济等具有规模特性的产业经济发展模式，具有这些特性的贸易可通过增加部门、商品出口及提高产业发展的竞争优势来提升国家在国际贸易中的竞争力,并在区域经济发展的专业化格局变革中发挥重要作用。新贸易理论的提出为许多国家或区域的贸易政策及竞争提供了战略性的指导,使其向有利的方向发展[22]。

(3) 产业集群理论

该理论主要指集中在一定区域内经营同一行业的大量企业,基于错综复杂的网络关系形成紧密联系在一起的空间积聚体,作为产业空间组织形式,它代表着一种介于市场和等级制度之间的全新组织形式,其发展与产业结构调整、技术创新以及国家和地方经济发展密切相关。亚当·斯密在《国富论》中指出,劳动分工是国民财富增进的源泉,企业集群不仅具备了整个市场都无法具备的效率优势,而且还在一定程度上保证了分工的进一步深化与专业化效率的提高。对于产业集群的形成机理,马歇尔认为,大量企业聚集在一起,可以在技术指导、专业技术人才、专业设备、原材料的供给、商品的运输等方面形成外部经济,促使这些企业相互依赖,同时,所创造的新环境也在一定程度上推动了企业集群的发展。德国经济学家阿尔弗雷德·韦伯(Alfred Webber) 在1909年出版的著作《工业区位论》中从产业集聚带来成本节约的角度讨论了产业集群的形成,集群的产生通常可分为两个阶段:一个是企业增大自身的规模而产生集聚优势,另一个则是由若干个企业集群共同促进企业集聚,进而实现地方工业化。迈克·波特在1990年发表的《国家竞争优势》一书中明确指出,竞争力的形成和竞争优势的发挥是产业集聚的核心内容,而政府或非政府组织的干预行为在一定程度上促进了产业集群的发展。而国内的学者大都从产业发展的角度出发,对个别区域及一些资源性城市进行调查和研究,认为某个区域、城市产业发展方向的选择标准应当有以下两方面,即关联程度的大小和能否促进产业链的延伸,以此作为选取要素,以期提升该地区或这一资源型城市某个产业的整体竞争力。

3. 发展阶段理论

（1）H. 钱纳里的"标准结构"理论。美国经济学家 H. 钱纳里通过多种形式的比较研究考察了二战以后发展中国家的工业化发展过程，构造了根据国内人均生产总值发展水平划分的工业化发展阶段的"标准结构"，即经济从不发达到成熟的发达经济的 3 个阶段，依次为初级产品生产阶段（或称农业经济阶段）、工业化阶段和发达经济阶段。

（2）霍夫曼定理。德国经济学家 W. 霍夫曼指出，随着一国工业化的进展，消费资料工业净产值占资本资料工业净产值的比例是不断下降的。霍夫曼基于 20 个代表性国家的发展状况，通过对比不同国家的统计数据，提出了著名的"霍夫曼定理"。其核心思想是：工业化发展的第一阶段是以消费资料为主导的制造业发展阶段；第二阶段由于工业资本资料发展速度的提升，资本资料的发展超越了消费资料，但资本资料的比重仍小于消费资料；第三阶段的消费资料工业则与资本资料工业占制造业比重相当；在工业化发展的第四阶段，资本资料工业的生产在制造业中占据了主导地位，而消费资料工业的规模相对缩小。

当前我国正处于工业化和城市化发展中期，这一阶段发展的一个最显著的特征为以大量能源为基础迅速提高重工业化水平和人民生活水平，根据我们的实际情况，与其他如石油或天然气等资源相比，无论是从成本计算还是从蕴含储量的角度来考虑，煤炭资源都占有绝对优势[23]。目前，我国经济发展整体上仍为粗放式发展，能源利用率不高，只能通过调整产业结构、改良技术等方式实现产业升级，进而提升能源利用水平，尤其是煤炭资源的利用水平。

煤炭产业包括诸如煤炭行业协会、煤炭管理协调相关科研单位，还包括煤炭开发、运输、销售、煤化工、煤电等煤炭企业，同时包括煤炭资源深加工或利用煤炭资源生产副产品的化工、化肥、建材的众多企业，这些企业和相关科研院所的有机融合，充分体现了产业集群的经济现象，集群使得这些煤炭开发的主体和煤炭资源利用的企业产生了良好的互动，同时形成了由煤炭资源消耗和煤炭资源再生利用的市场化行为共同催生的产业组织模式，这种组织模式具有产业链长、配套设备齐全、内部分工精细、人力资源密集、技术先进、公共服务设施便利等突出优势，因而具有强大的竞争力[24]。当然，我们也应该看到，在加速推进经济发展方式转变的大背景之下，煤炭产业要走可持续发展的道路。那么，必须要赋予其绿色化的内涵，那就是在煤炭资源的采掘、加工、流通和消费的各个环节，坚持科技含量高、资源消耗低、环境污染少的生产和消费方式，让煤炭资源的开发、利用走上清洁、高效、低碳、循环发展的道路。这是我国生态文明建设的基本要求，也是未来我国煤炭产业发展应该坚持的方向。

第二节 产业政策理论

一 产业政策的定义

"产业政策"的概念源于20世纪70年代，是国家为了弥补市场缺陷、引导产业发展而制定的各种政策的体系，它不仅涵盖了产业发展的引导政策、纠正产业发展偏差的调整政策、为保障企业的有效经营而制定的产业组织政策，而且包含产业政策的组织框架和政策工具等，是产业结构政策和产业组织政策的复合政策体系。

目前关于产业政策的定义，有多种不同的描述，具体总结归纳为如下几类。

第一种：以英国的阿格拉以及日本河边淳等经济学家为代表，认为"产业政策是跟各种产业相关的一切政策的总和"。

第二种：以日本经济学家小宫隆太郎为代表，认为产业政策是政府为了弥补市场机制调节不力所引起的失误而采取的一种弥补性的政策。

第三种：以美国学者查默斯·约翰逊为代表，认为产业政策是为了使本国产品在国际市场的流通过程中更具国际竞争力所采取的一种保护性的政策。

第四种：以日本学者伊腾元重、清野一治等为代表，认为产业政策是国家职能部门设计的一个系统的体系，是为了促进产业的发展、产业的结构变化而制定的政策目标和政策措施的集合体。

二 产业政策的基本内容

(1) 产业结构政策

产业结构政策是政府启动实施的政策，它的核心内容是围绕不同产业基于自己的发展状况呈现的不同发展速度，形成产业发展的优先顺序选择问题，其目的是促进本国产业结构的调整、优化、升级等。产业结构政策的实施是为了更有效地带动整个社会的经济增长，它主要是根据产业结构发展变化的规律及相关的变动情形，明确不同的配置比例，最终通过不同产业在不同发展阶段的先后顺序及关系促进产业结构的优化和协调发展[25]。通常来说，要重点发展的产业对象的选取无论是在发展势头强劲的主导产业、正加大力度扶持的幼稚产业，还是在当前环境下显得有所不适甚至停滞不前的瓶颈产业等都会有所涉及。在每一项政策的实施阶段，政府都会根据当时政策实施的具体情况以及各产业发展的实际状况对发展相对弱势的产业进行重点扶持，以促进这些产业的协调发展，从而带动整个国民经济稳定、高效、健康发展。

(2) 产业组织政策

产业组织政策是政府通过采取法律法规的形式制定的市场规则，旨在更好地避免有些企业采用合谋垄断的方式或采取不正当价格竞争等手段来获取垄断地位和高额利润,从而达到规范企业在市场运行中的行为、合理调配市场资源的目的[26]。通常情况下,产业组织政策由以下两个部分的内容组成,产业组织行为调整政策和产业组织结构优化政策。产业组织行为调整政策的实施以完善市场竞争机制、发挥竞争效用、提高资源利用率、增加社会福利为目的,结合反垄断政策及反不正当竞争政策调整市场的集中度,从而在真正意义上达到降低贸易市场准入壁垒和在贸易往来过程中,从市场壁垒中放松或退出等方式来构成合理的市场结构。

(3)产业布局政策

产业布局政策是政府为了尽早实现整个国家国民经济的平稳、健康、可持续发展,所实施的一项全局性的政策,它强调的是更具针对性的发展,主要是通过在不同的经济发展阶段发展不同的经济对象来实现的。它通常情况下主要采取以下方式:①中央政府制定具有针对性的政策,采用直接干预的方式,以保证那些经济发展势头迅猛地区经济的良好发展;②国家职能部门采用间接的方式,给予国家欲重点发展的地区一定的政策倾斜和扶持计划,以保证这些地区的经济实现平稳、较快发展。在经济发展较缓慢且较为滞后的时期,政府往往更加注重发展那些经济发展势头相对较好的产业和地区,也就是我们通常所说的"产业布局的非均衡性"是"致富"理论的延伸,是以地区富裕带动整体富裕的经济发展模式[27]。而在生产力达到一定高度后,国家的产业布局政策将会做出调整,它的着眼点将不仅仅放在某些产业或某些地区,而更多在宏观上进行把控,以维持地区间的和谐发展为目标,通过弱势扶持和帮扶计划,实现落后地区发展,从而实现整体的全面发展。

(4)产业技术政策

产业技术政策是政府为了推动产业的技术进步而采取的一系列措

施，它不仅是为了对产业技术发展实行更有效的宏观指导而制定的，而且会在一定程度上对产业技术开发和产业技术转移等方面产生一定的推动作用[28]。实际上，产业技术政策的实施对技术水平的大幅度提高、产业结构由低级向高级迈进、产业结构的升级以及产品质量的进一步提高都起了很好的促进作用。

三 产业政策的理论依据

（1）"市场失灵"理论

市场调节机制不是在任何条件下都适用的，即便是在市场机制十分健全的情况下，也仍存在不少无法调节的缺陷。

日本经济学家小宫隆太郎早就非常鲜明地指出："针对市场资源配置及分配方面出现的市场失灵'采取对策'，始终是产业政策研究的中心课题。"通常情况下，"市场失灵"主要是由以下四方面原因造成的：第一，商品垄断或行业垄断；第二，国家控制的公共物品的供给；第三，经济活动的外部性因素的存在；第四，信息的传递不顺畅、不及时、不充分、不对称等[29]。市场调节是否有力不仅直接关系社会丰富的资源能否最大化、最优化地得到合理的配置，而且是政府制定产业政策和推行产业政策所遵循的主要依据。政府相关职能部门必须对市场机制运行过程中出现的缺失，给予及时地修正，并制定对"市场失灵"具有一定针对性并能起一定弥补作用的产业政策，从而保证社会资源得到最优化地配置，实现利益最大化。

（2）结构转换理论

结构转换理论又称作"产业结构高级化理论"，即通过区域产业结构的不断升级促进经济发展速度的提升，这也是结构转换理论的核心思想[30]。事实上，结构转换是一个在政府的积极介入下进行利益二次分配的过程，它是一个主动的过程，依靠产业政策推动产业结构的转换、在产业政策的指导下，进一步促进对产业结构的调整。

（3）规模经济理论

由于在市场开发的过程中，其构成要素，如生产费用中的可变费用和固定费用等会受影响，最低生产费用和最优经济规模在产业发展的过程中客观存在，那么实际上，在生产达到经济规模整体发展的最优水平之前，单位产品的生产费用是呈现递减趋势的，因此继续扩大产业规模是有利的。在产业政策研究领域里，很多学者对规模经济理论的充分利用以及进一步发展都做出了较为突出的贡献，其中贡献最大的当属日本学者。他们认为，工厂的发展规模和企业的发展规模在产业内部实际上是存在本质的区别的，工厂的发展规模决定了生产费用的支出，而企业的发展规模则直接影响着市场中的竞争秩序[31]。因此，应当综合考虑产业的发展阶段，尤其是超越阶段产生的矛盾效应，通过制定产业政策推动发展规模达到最优状态，以促使社会发展得到整体优化。

在发展新兴产业阶段，政府无论是在产业布局还是产业的整体发展等方面都应该实施合理化政策，采取积极的措施促进企业的联合、合并，使之迅速达到最佳规模，来提高产业发展的整体竞争能力。

（4）技术开发理论

技术开发理论的基本内容是：技术作为促进市场发展，完善交易进程中不可或缺的手段，是社会发展的财富。技术本身是一种公共物品，在开发过程中会产生技术使用及市场转变的双重风险，其规模经济特征，以及在技术开发过程中产生的社会收益率大于企业收益率的可能性，导致企业的技术投资率低。因此，在技术开发过程中，政府的产业政策干预是保证技术不断进步的必要条件。

我们这里所说的技术，是社会财富的一种，通常情况下，这种社会财富几乎不按照市场原则进行。技术开发理论主要包含以下三个主要特征：第一，一般来讲，技术本身具有所有公共物品的共性；第二，在产业发展过程中，技术的开发总是与市场运行和发展过程中存在的风险因素并存的；第三，无论是在新技术的开发过程中，还是在新技术的推广及运用方面，均具有学习过程和经济大规模发展的特征[32]。因此，从某种角度上说，企业新技术的开发过程或开发结果会影响企业的收益率，很可能使其小于社会收益率，这种情况的频繁出现并不利于发展企业的技术投资，可见，技术的开发必须以产业政策的变革为前提，要加大政府的干预力度以保障技术的开发价值。

四 煤炭产业与产业政策

在过去的数年中，煤炭产业尚无系统、合理的产业政策的状况直接导致我国煤炭产业的市场结构不合理以及产业的过度竞争。同时，从我国能源系统的现实情况来看，政府也需要对煤炭产业实施科学有效的规制。结合我国煤炭产业的市场结构以及发展现状，必须以强有力的政策手段和"渐进式"管理的方式为支撑，通过协调产业发展过程中市场竞争关系，来弥补市场自身存在的无序竞争和生产分散等问题，在一定程度上保证市场的有效竞争，进一步提高资源配置效率。具体而言，应遵循以下几个原则。

（1）提高煤炭产业的总体规模经济性。生产分散和规模经济低下是阻碍煤炭产业发展的最大影响因素。要想扭转煤炭产业绩效低下的局面，最重要的就是要改善煤炭产业产量极为分散的局面，以此来提高煤炭产业的规模经济性。

（2）建立健全市场运行的各项规章制度，促进煤炭产业形成有效竞争的市场结构。市场运行所需规则众多，如市场的进入与退出规则、市场交易规则和市场竞争规则，只有在规章制度健全的情况下，市场经济才能按正常的轨道健康发展，才能真正做到有效竞争，从而实现规模经济、资源的合理配置和较高的社会福利水平的有机结合。建立健全市场规则必须以资源的自由流动为基础，这样有些厂商才不至于去破坏市场规则，才能避免"寻租"行为损害社会福利。

（3）推进技术进步，提高产业效率和服务质量，增强煤炭产业竞争力。要加大对高科技的投入，充分利用煤电技术、信息技术、新材料、新工艺等高新技术的产业政策，改变我国煤炭产业生产水平低下的局面，增强产业发展的市场竞争力，以提高煤炭生产过程中的机械化程度以及煤炭产品的科技含量。这样不仅可以实现煤炭产业的高效发展而且可以进一步提升煤炭产业发展的整体竞争力，以确保国家的能源安全。

煤炭产业政策是一项综合性的产业政策。煤炭产业政策不仅包括进入与退出、反对资本分散、实施企业化发展模式的政策，而且包括制定支持煤矿技术改造，提升煤矿安全生产和科学技术水平，推动煤炭的清洁化生产及利用以及煤炭液化，扶持有条件的矿产建设出口煤生产基地，提高我国煤炭在国际市场上的竞争力等技术经济政策。

第三节　绿色经济理论

一　绿色经济的基本内容

绿色经济是一种融合了现代科学技术，以实施生物资源开发创新工程为重点，开发与传统产业经济相比具有比较优势的绿色资源，巩固提高有利于维护良好的生态环境的低污染产业，在所有行业中注入绿色理念，发展清洁生产，合理保护能源和资源，使市场化和生态化有机结合，促进人口、资源和环境相互协调，实现人与自然的和谐发展，实现经济社会的可持续发展的经济模式[33]。概括起来主要包含以下5个方面的含义：①能源得以高效利用的经济，可以大幅度减少能源的使用强度；②清洁化能源的利用，包括对环境污染的治理和气候变化的改善；③循环经济，通过循环的方式使能源利用最大化；④生态文明的建设，通过植树造林的方式固碳以增加碳汇；⑤低碳经济，即改变生产、生活模式，达到经济社会发展与环境保护的双赢。

可持续发展理念自正式提出之日起就被广泛应用于包括工业、农业以及环境保护产业在内的诸多领域中。在运用过程中，不仅可持续发展的内涵和外延得到不断丰富和发展，而且派生出了包括经济可持续发展、生态可持续发展以及社会可持续发展等很多理念[34]。可持续发展的核心内容即高效、无废、少废的生产模式，强调的是代内平等与代际平等，即我们在发展经济时一定要遵循经济规律的客观要求，才能保证经济发展在生态环境的承受范围之内满足当代人和后代人的需要。有鉴于此，以可持续发展模式为基础的绿色产业模式就成为当今我国经济发展的必然趋势。

首先，绿色经济模式强调的是三位一体的发展，即经济、社会和环境的协调发展。传统经济发展模式主要强调的是高能耗、先污染后治理，即先大量占有和采掘自然资源，不断投入人力和物力以提高劳动生产率，以此来推动经济的增长。与此同时，传统的经济理念认为经济增长和社会环境之间是不能够协调发展的，环境污染是社会经济发展的必然产物。大力发展经济只能以牺牲自然环境为代价，从一定程度上获得经济的繁荣，然而，这种发展模式势必会对经济的长远发展产生不可持续性的影响。而绿色经济模式则是通过政府制定的政策主导和市场运行的发展方向为导向，启动和实施一系列符合生态系统规律的强制性或非强制性的制度安排，以保障社会经济活动各个环节的绿色化理念的顺利推行，从根本上减少或消除污染[35]。

其次，绿色经济充分体现了自然环境的社会价值和经济价值。在传统经济的发展模式中，整个体系是封闭而且相对独立的，传统的经济理念认为只要系统本身不断扩大,经济就不会受其他因素的阻碍而无限制地发展,这种盲目发展直接导致了全球环境的不断恶化[36]。绿色经济模式在发展中注重开放性和协调性两者的统一,将资源的合理开采利用和周边环境的保护治理作为新经济模式运行中绿色经济的重要构成要素,在生产、流通和消费各个环节融入绿色先导理念,最大限度地减少对资源的开采利用引发的自然环境的污染和破坏,或者是对资源环境的条件加以改善,并将在经济发展过程中付出的自然环境代价与经济收益一并作为产业经济核算的参照,从而确认自然环境在经济发展过程中的价值。事实上,经济的发展与资源环境的能耗是同时存在的,在将经济发展的各项收益指标做定量分析时,环境污染或其他因素引起的消耗值应当根据实际情况做相应的数据处理。

再次,绿色经济使对自然资源的开发利用遵循公平性的原则。公平性是可持续发展最重要的特性。经济的可持续发展强调的是人类的需求和合理的欲望的满足,同时,在对待人类需求、供给、交换、分配过程中的诸多因素时,可持续发展的公平原则实际上就是人类在资源分配过程中遵循的"时空公平"原则,即国家范围之内的同代人的公平和代际公平。然而,传统经济模式下的社会经济增长,为了满足当代人的物质需求,常常是以牺牲或损坏一定的自然资源为代价获取的,这种方式忽略了子孙后代生存的合理需求,等同于将整个人类赖以生存的资源用于满足少部分当代人的物质需要,这是极为自私的[37]。绿色经济发展方式可以实现自己与子孙后代在发展方面机会均等与平等的共享资源,通过注入可持续利用自然资源的理念,极大地提高了自然环境的利用效率和自然资源的再生能力,理论上考虑了代际利益的均衡,同时也兼顾了国家范围内同代人之间的利益公平。

最后,绿色经济可以引导产业结构的调整和产业结构的合理布局。优胜劣汰——这一长期适用于自然界的客观规律,在经济发展过程中也同样适用。产业结构的动态性特征决定了产业结构必须不断调整才能实现产业的可持续发展。发展绿色经济可以引起经济社会发生巨大的工业变革:使污染源在生产、流通等领域得到一定的控制;在消费观念方面,加强消费者的绿色环保意识,引导和鼓励消费者进行绿色消费和理性消费等。进而在遵循自然发展的客观规律的基础上,构建由不同的生态体系组成的绿色经济体系[38]。

二 煤炭产业绿色化发展的内涵

煤炭产业的绿色化发展必须充分体现煤炭资源的特点和煤炭产业的特点。第一,煤炭资源具有不可再生性。煤炭资源的有限性决定了煤炭产业有其自身的生命周期(见图2-1):勘测期—开发期—发展期—成熟期—衰退期。第二,煤炭产业是国民经济的支柱产业。煤炭产业的绿色化发展就是在保证为国民经济的各个行业提供具有清洁的品质、充裕的数量的煤炭、煤油制品、煤化工产品的基础上,运用先进的科学技术,在市场运行机制的指导下,进一步提高资源的利用率,从一定程度上抑制煤炭开采区的环境恶化,实现煤炭产业的产区、资源的利用、经济效益以及周围环境四者的协调发展。

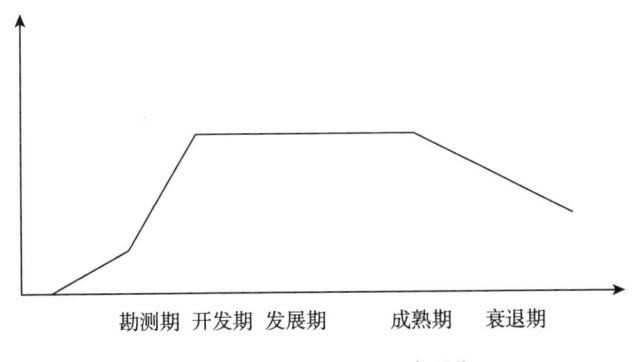

图2-1 煤炭产业的生命周期

三 煤炭产业绿色化发展的构成

（1）煤炭资源利用的绿色化

煤炭资源利用的绿色化要求我们采取尽可能理性的态度对待煤炭资源的消耗，使人类可以在尚未找到替代资源之前，持续使用煤炭资源。煤炭产业的绿色化发展要求我们在开采过程中，要尽可能提高其利用效率，减少对煤炭资源的浪费以及对其他相关资源的损坏和污染[39]。与此同时，煤炭产业的绿色化发展还要求在煤炭及其副产品的开发过程中，要大力提倡资源的高效利用，通过不断更新科学技术来充分发掘煤炭资源中的既定"附加值"。

（2）生态环境的绿色化发展

人类对煤炭资源的开采利用也对其周围的环境造成了一定的破坏，在新的发展理念下，我们在资源开发时不仅应将"注重环境保护"作为道德约束，而且也应写进发展规划中。在进行相关科研项目的决策时，应将对环境的污染降到最低，在煤炭资源的开发和利用过程中，大力提倡"洁净煤技术"，并将其广泛推广并加以运用。

（3）绿色化经济

经济的绿色化发展，即绿色经济关注的是一个产业的长远的发展，其中一个最重要的问题就是煤炭产量的可持续性，也就是煤炭产业的绿色化发展。煤炭产业的发展直接影响经济的发展，煤炭的有限性决定了煤炭的开采必然是一个由大量增长到逐渐衰退的过程。在资源产量可持续发展的同时，我们也不能忽视经济绿色化发展的另一个重要的问题——煤炭开采的赢利性[40]。在市场经济的运行过程中，由于悬殊的级差地租、资源开采及生产成本递增、产品价格倒挂等现实状况的存在，煤炭的开采区不能获得充足的利润以满足自身实现绿色化发展的需要。

(4) 人口与社会的协调发展

人口的可持续发展应将开采区的环境承载能力放在首位，而社会的可持续发展更多强调人类基本的生活需求和高层次的精神需求得以满足。人口与社会的和谐发展不仅指同代人即代内的平等自由发展，而且包括当代与子孙后代的代际公平发展。代内公平主要是指在煤炭开采和利用过程中的收益和资源环境所付出的相应代价无论是在国与国之间、省份之间、企业之间还是在各个利益集团之间都得到平等和谐的分配；代际公平则主要指的是为子孙后代保护煤炭资源，使其具有合理使用和支配的机会并从中获益。在市场经济条件下，煤矿作为"卖力区"，无论是从开采环境还是一线的工作环境来看，它都是条件极为恶劣的区域，然而，一些利用煤炭的伴生矿开发其他产品的工业则成了名副其实的"受益区"，它们使用的煤炭根本不需要对生态环境采取任何的保护措施或建立任何补偿机制，这种情况势必会引发新的不平等出现——煤炭产业及其他产业之间的共存关系[41]。除此之外，尤其是在资源环境在社会中体现的经济价值出现偏离的情况下，在煤炭资源的开发利用过程中，对环境破坏所给予的补偿和获得的收益，应当实行"受益者平均分配制度"，也就是说，让那些利用开采过程中所废弃的煤矸石或其他废弃物进行煤产品开发而获益的企业（即实际的受益者）承担一定的环境治污费和对资源破坏的补偿费用。

煤炭作为非再生资源，从长远的发展来看很难达到可持续化的利用，因此，资源的能耗速度必须远远低于寻找可替代品的速度，而可替代资源能否顺利找到直接取决于科技的发展与创新程度。在当前尚无合适的替代品或还没有形成规模的大量替代品出现的情况下，人类对煤炭资源的消耗必须适可而止[42]。在经济飞速发展的今天，为了使煤炭产业对环境的影响降到最低，同时使其尽快地摆脱窘境，煤炭产业必须走绿色化的发展道路。

第四节　系统理论

"系统"一词最早出现于古希腊时期，表示共同组成的"群"与"结合"的意思。我国著名学者钱学森早在 1988 年在其发表的著作《论系统工程（增订本）》中就对系统进行了定义，即"系统是由相互作用和相互依赖的若干组成部分结合成的、具有特定功能的有机整体"。国外在系统理论方面比较有建树的学者主要有一般系统论的创始人贝塔朗菲（L. V. Bertalanffy）、美国著名学者阿柯夫（R. L. Ackoff）等。贝塔朗菲指出"系统可以定义为相互关联的元素的集合"；阿柯夫则认为"系统是由两个或两个以上相互关系的要素所构成的集合"；系统在《韦氏（Webster）词典》中则被定义为"有规律的相互作用或相互依存形式结合起来的对象的集合""有组织的或被组织化的整体"等。

结合上述说法，我们认为所谓系统就是由相互作用、互相影响、相互依赖的不同的元素组成的，具备特定功能的整体。系统在自然界中是普遍存在的，虽然不同的系统有其特定的功能，但是在不同的系统中总是有诸如动态性、自组织性、稳定性、整体性、层次性、开放性、相似性等共性存在的，这些不同的特性组成了系统的几条基本原则，即系统的动态性原则、系统的自组织性原则、系统的稳定性原则、系统的整体性原则、系统的层次性原则、系统的开放性和相似性原则等。

我们通常所用的系统方法，是把对系统的基本认识作为理论依据，运用系统层次分析、系统理论、系统工程、系统科学等方法，指导人们研究和解决科学问题，同时也是将研究对象作为一个完整的系统来进行定性分析、定量分析或模型化分析的一种科学的方法。这种科学方法不仅经历了从定性到定量的过渡，而且其中所运用的知识还涉及包括哲学在内的很多学科，它是在系统论和现代科学论等理论的基础上发展起来的[43]。其最显著的特性在于以系统的整体性为出发点，准确处理了整体与部分的关系，并很好地将定性与定量以及建立的系统模型结合在一起并加以分析，科学地把握了系统的特性，达到了整体的最优化。

要想运用系统论的方法对绿色矿业理念下的煤炭产业发展模式问题进行研究，就必须对其模式进行系统的分析，其中不仅包括对系统构成要素的分析、对系统结构的分析，同时还包括对系统内各个环节间的相关联系的分析以及对系统所发挥的功能的分析等。

绿色矿业理念下煤炭产业的发展尤为强调产业整个系统发展的最优化，以煤炭资源的高效利用为基础，以经济社会的绿色化发展为发展目标，通过对资源的排污处理、可持续利用等方式，来加强对生态环境的保护。煤炭产业的发展需要在系统性理论的指导下进行，主要表现在以下两个方面。

（1）基于绿色矿业理念的煤炭产业发展新模式主要是从煤炭产业的社会化层面、煤炭的相关企业层面以及煤炭生态工业园区层面来体现的。每个层面都是实现煤炭产业绿色模式发展的子系统。关于社会层面的煤炭产业绿色模式是指无论是在煤炭生产环节、消费环节，还是在对煤炭资源开发利用后对其废弃物等资源实施二次利用的回收环节，都形成煤炭可持续发展的社会化大循环。在煤炭的相关企业方面，绿色模式主要是相关企业每个环节之间煤炭产品或其残余物的交互利用和转化，通过提高煤炭资源开采利用的科技水平，形成系统的产业链，以尽量减少废弃物的丢弃量，从而最大限度地提高对煤炭资源的利用效率。煤炭产业生态工业园区主要是由各种相关企业集聚组成的，基于上下游企业的生产流程和产品自身的特点，充分利用各企业之间横向耦合、纵向闭合、上下衔接、协同共生的关系，推动煤炭产业绿色化发展的进程[44]。

（2）在煤炭产业可持续发展及绿色模式系统构建过程中，依照煤炭资源开采利用的产业产品的生命周期，基于职能和角色的不同，依次有生产者、消费者和还原者，它们同时也是实现煤炭产业绿色化发展的各生产单元的构成要素，三个要素之间相互关联、相互影响。这些要素在煤炭产业绿色化发展的过程中，通常是以生产企业、加工制造企业或废弃物的处理企业等形式表现出来的，具备以上三个特征的企业的不足或缺失，会直接导致整个产业链条的经济功能体现得不明显或根本就无法实现[45]。只有在煤炭产业绿色化发展的系统中构建固定的组织秩序及有效的失控应急处理机制，才能保证煤炭产业绿色化发展的经济功能得以顺利实现。

形成完整的煤炭产业绿色模式的经济系统需要具备以下条件。第一，煤炭产业绿色模式的构成要素应该具备一定的生产服务功能，即在煤炭产业绿色模式体系中要么具有生产者功能，要么具有消费者功能，要么具有资源的修复功能。第二，煤炭产业绿色化发展系统的各个企业要在绿色经济的架构内，以煤炭产业链为出发点，借助由上下游企业间的服务关系形成的关系网，发挥其积极的作用。第三，煤炭产业绿色化发展系统是由很多相互关联、相互影响，并具备生产、消费以及还原功能的企业组合而成的。它们在发生相互作用的时候，也会和周围的环境存在千丝万缕的联系，由此形成新的具有可持续发展、绿色化发展等特性的集合体。第四，要想煤炭产业的绿色化进程加快，在协调好其内部环境的同时，也不能忽视促进对煤炭资源开采中废弃物的再利用以及保证煤炭产业绿色化进程顺利实施的相关政策制度的建立及外部环境的建设[46]。

第五节　政府行为理论

行为是指不同的个人或群体在生活中表现出来的对生活的态度或他们选择的生活方式，同时也是人类或特定群体在特定的物质条件中，受个人价值理念、社会文化体制等因素的影响，所呈现的不同的外在特征。个体行为是指个别人的个别行为；群体行为是指类型相同、相似或在同一个团体组织处于类似的处境或层次的人们所具有的相同的行为[47]。一般来讲，群体行为是某特定群体为了实现其共同目标而进行的共同的过程，尽管群体行为是个体行为的总和即单个个体行为的集合，但在这个集合中却看不到某一个或少部分的个体行为，而主要是个体间共性的体现。我们所说的经济学研究通常仅仅对群体行为展开深入的研究，而个体行为则不在研究范围之内。政府行为就是众多群体行为的一种。群体行为可分经济行为、政府行为以及社会行为等。

一　政府行为理论的发展与内容

政府行为是相对于自然人行为、个体行为以及企业行为而言的，是国家行政机关及其工作人员实施行政管理活动的总称，它是一种行政行为，具有法定性和强制性的特点。当政府作为单一的管理国家公共事务的权力主体时，可以把政府行为划分为政府的经济管理行为、政府的行政管理行为、政府的社会管理行为以及政府的文化管理行为等四个方面。根据政府行为在生活中产生的影响不同，按产生过程的不同分为计划行为、决策行为、监管行为等，我们平时所说的不论是政府的经济行为、社会行为，还是其政治和文化行为，主要都是根据政府行为在实施过程中不同的行为性质进行的分类。具体而言，政府行为理论包含公共选择理论、新制度经济学派理论、现代经济发展理论、市场失败与外部性理论四个方面的内容。

(一) 公共选择理论

公共选择是相对于私人选择而言的,是指人们对某种或某些公共产品的需求量以及这类公共产品的生产量、供给量都是通过民主决策决定的,这不仅是一个将私人选择或者个人选择转化为集体选择的过程,而且也是对资源配置的非市场化的决策。

作为政治经济学的一个分支,公共选择理论起源于20世纪60年代初期的美国。所谓公共选择理论,就是基于现代经济学的假设(也就是社会个体都追求自身利益的最大化),根据自由交换可以使双方获利的经济学原则,分析民众的公共选择、政府决策以及二者间的关系的一种理论流派[48]。其显著特征为:利用诸如新古典经济学微观分析等方法分析个人喜好与政府选择之间的关系,解决政治问题或公共决策等问题。

(二) 新制度经济学派理论

新制度经济学最初是由威廉姆森于1975年提出的,它的核心思想是通过运用整体的研究方法,把研究的重心从决策的个体转移到社会整体上来,这个学派本身是对"经济人假设"持否定态度的。新制度经济学的根本出发点是制度与时间,它基于收益-成本这一分析方法,不仅将新古典理论与制度分析理论有机地结合在一起,而且将制度分析归入经济学分析的理论体系之中。

新制度经济学认为,制度变迁不是简单地指在某一制度内部发生的单一的变化,而是特指一种可以改善技术、提高效率,从而可以使经济从根本上获得可持续发展的新制度,与此同时,通过制度的创新以及用制度实施环境保护，可以更好地实现有效的制度安排并向社会提供合理的制度选择，从而保证政府的公共职能得以最大限度地发挥。由此可见，制度在经济增长的过程中扮演着至关重要的角色[49]。通过制度变迁和制度创新不仅能够大幅度地提高生产率，而且还可以促进经济的快速增长。

（三）现代经济发展理论

一般情况下，经济学领域中所提到的政府指的是众多经济组织中的一个，是经济生活中的一个特定的主体，与其他经济组织相比，政府具有其自身的特性，即强制性和普遍性。正是基于以上两个特性，政府可以采取异于市场运行机制的方式对市场的经济运行产生影响。与所有经济个体之间只存在平等交易关系的市场机制不同，由于政府始终是以充分维护国家利益和推动发展目标为己任的，所以它对经济的干涉显得更有的放矢。由于政府对经济的影响是采用包括货币和财政等不同的政策和手段来进行的，结合我国的实际情况，当前政府对经济的管制是采用"双管齐下"即直接规划和直接管理相结合的方式，这种方式有效地弥补了当前市场机制运行的缺失，从而在一定程度上推动了我国产业结构的深入调整和不断优化。

（四）市场失败与外部性理论

市场失败也就是我们平时所说的市场失灵。所谓市场失灵，是指由于市场内在的功能性缺陷及其外部条件的缺失，市场无法有效地分配劳务和商品，市场机制在资源配置方面的运作不灵活。一般情况下，市场失灵主要是由以下几个原因引发的：①市场缺乏有效竞争。政府授予某个企业生产某种商品或劳务输出的特权，也就是我们所说的排他性，结果是，与其他大多数生产者相比，该企业的生产成本使该企业的生产者更有效率。②外部性刺激了激励的形成，导致市场效率和社会福利下降。一旦市场的竞争不能为产品的生产者和商品的消费者提供正确的信息，市场就会根据实际情况向发生外部成本的商品配置过量的生产资源，而向有外部收益的商品配置少量的生产资源。③公共物品和公有资源。外部性的存在导致市场失灵的产生。在市场经济活动中，一旦某些服务或商品可以免费获取，负责从宏观上对市场资源配置加以调节的市场机制就不会发挥其应有的作用甚至不存在了。④买卖双方信息不充分或不对等。不对称信息也被称为非对称信息，指的是市场主体所获取的相关知识存在差异，也就是所有的参与人拥有的信息量大小是不一样的[50]。在市场经济活动中，严重的信息不对称不但会造成逆向选择和道德风险，而且还会在一定程度上导致经济效率的损失。

二 政府推动煤炭产业绿色发展的路径

当前的市场经济实现了宏观稳定性和微观活力的统一，而稳定的发展始终是我国政府坚持不懈追求的目标。然而在目前我国经济发展尤其是对资源开发利用过程中，有些地方政府和经济主体违背市场运行规律通过盲目扩大投资、采取粗放式经营等方式，不惜以牺牲环境为代价片面地追求经济的增长，导致市场供给结构与投资总量增长等诸多环节的不适应，从长远看，必然会影响经济的健康发展。这时政府必须结合实际情况及自身特性采取一定的措施来维护资源的高效利用和经济的正常运行。政府在推动煤炭产业走绿色发展道路方面的路径选择主要体现在以下几个方面。

（一）完善绿色经济技术支持体系

科学技术是第一生产力，煤炭产业在基于绿色理念实现可持续发展的过程中除了充分发挥自身科研技术方面的优势以外，更要积极吸收以各种形式存在于社会中的其他科研机构的研究成果，并将其吸收消化以更好地为本部门服务。在这个取其精华的过程中，政府应对煤炭产业以及与之相关的煤炭利用主体给予一定的政策倾斜来加大扶持力度，从而使社会的技术潜力得到最大限度的发挥以满足产业发展的实际需求。

（二）建立有利于煤炭产业发展绿色经济的产权制度

受计划经济体制的长期影响，在煤炭产业发展绿色经济的过程中，产权不明晰一直严重阻碍着我国煤炭产业的发展与壮大，从某种意义上来讲，它也对经济的发展起间接的制约作用。因此中央和地方两级政府应当进一步明晰国有煤矿的所有权，始终把国有矿山的开采使用权放在首位，给予充分的保护[51]，同时根据矿产法的规定，依法建立矿业权的招标及转让制度，以保障资源得到最高效的利用，进而使绿色经济制度在煤炭产业中真正建立起来。

（三）更新官员政绩评价体系，实施绿色GDP核算

制度经济学认为，行为主体只有在制度变迁过程中受益，才会引发其改变行为预期，萌生进行制度变革的想法。结合当前我国经济发展的实际情况与既定目标，在煤炭产业的发展中融入绿色理念，意味着政府在对其官员进行政绩考核时，必须改变过去传统的考核方式，把绿色GDP列入新的考核体系，使他们从意识上真正树立环境保护的观念。

（四）进一步加深对煤炭期货市场的研究

价格是反应市场供求关系的晴雨表。在市场经济发展过程中，煤

炭期货市场通过采用标准化合约以及大量的信息反馈来反映煤炭市场的需求与供给状况，在遵循经济发展客观规律的前提下，根据供求关系对价格进行相应的调整，以适应市场发展的需要。对煤炭期货市场的深入研究，不仅使企业获取了宝贵的市场供求信息，使其可以开展有效的生产并避免资源的浪费而且使政府参照价格信息的反馈制定有针对性的政策，在一定程度上保证了煤炭市场的供求平衡。

（五）加强对环保知识的宣传，不断深化社会公众对绿色经济的认识

煤炭产业作为宣传绿色经济的主体，通过开展绿色经营的方式，在加强绿色矿业知识宣传的同时，不仅使社会民众对绿色经济有了系统的认识，而且还鼓励其积极参与绿色产品的使用。在煤炭的相关企业开展一系列宣传活动的同时，政府也采取了诸如开展绿色知识的宣讲活动、鼓励大众实施绿色消费等积极的方式，为煤炭产业绿色化发展建立良好的外部环境。

第六节　本章小结

绿色经济本身是一种生态经济，基于绿色矿业新理念的煤炭产业发展模式研究是产业绿色经济在煤炭产业发展过程中的运用，它同产业发展理论、产业政策理论、系统理论和政府行为理论均有理论的渊源。本章对煤炭产业发展模式相关理论研究进行了概要性评述，并给出了明晰的理论研究框架。在后文对基于绿色矿业新理念的煤炭产业发展模式的研究过程中，还将对其具体的模式给予更为详细的评述，以便读者能更清楚地把握本书研究的理论意义。

第三章 我国煤炭产业现状及发展趋势

第一节 煤炭产业的概念及特征

一 产业概念解析[52]

产业是介于国民经济这一宏观经济概念和厂商或家庭等微观经济组织之间的一种中观的经济。从产业的形成过程以及发展过程可以看出，产业是一个包含部门、行业、业种等多种层次的经济体系，它主要是与社会生产力发展水平相适应的社会分工形式的具体体现。无论是产业的定义还是其划分都是基于特定的经济分析目的进行的，由于经济分析目的有所不同，产业的定义和对产业的划分也有所差异。

当前对产业的定义有很多，比较有代表性的主要有以下三种定义。第一种，产业是一种经济群体，并且是从事同一类物质生产或提供相同服务的经济群体[53]。第二种，产业是生产相同、相似或可替代品、服务的企业的集合，也可以说产业是企业的集合，一般来讲，这些企业通常采用相同的生产技术、原材料、类似的工艺流程，并且生产用途相同的产品[54]。第三种，产业不仅是国民经济参照相关领域的标准和规定划分的部门，而且是具有相同属性的一类企业的集合。

为了能更好地理解、更准确地把握和运用产业的概念，我们应该把握好以下四点内容：第一，产业是一个集合概念，而企业则是构成集合的最基本的要素；第二，一般情况下，对产业的划分主要是以是否具有相同的属性作为参照标准的；第三，对产业的划分不仅要参照"具有同一属性"这一定性的标准，而且要兼顾对数量的要求；第四，由于在不同的发展阶段有不同的经济发展目标，产业标准在不同的发展阶段是不可能相同的，因此产业标准必须要基于特定的经济分析目的来确定。

从定义中不难看出，产业指的是具有相同属性的企业的集合，它是一个集合概念。一般情况下，生产群体或企业则是产业这一集合的基本的构成要素。我们通常所说的产业是不包括政府的，它主要是由生产群体和企业构成的，并且这类企业或生产群体无论是在服务领域还是在生产领域中，都是从事具有相同属性的产品的生产或加工服务的。除此之外，当然也有人将产业的构成要素扩充了，添加了生产产品、加工服务、生产经营活动以及企业等内容。如有人对产业给出了这样的定义：产业是为特定的经济分析目的服务的具有相同属性的加工服务和产品的集合，是具有相同属性的同一类企业的集合，同时也是具有相同属性的生产经营活动的集合[55]。

将企业划分为不同的产业始终是将是否具有相同的属性作为参照标准的。从产业组织的角度来看，相同的属性主要是指生产同一类产品、跟这类产品具有千丝万缕的联系或生产这类产品的替代品，采用这种标准来对产业进行划分是为了更好地分析各个企业在同一个市场上彼此之间的竞争以及垄断关系。从产业结构的角度来看，相同的属性是指产品的用途相同、原材料相同、生产工艺相同以及生产技术相同等属性，按这个标准来划分产业是为了更好地分析各个部门或各个行业内部尤其是产品的生产部门之间存在的一种均衡的状态。相同的属性从原材料投入与产业的角度来看，主要是遵照产品的生产工艺、产品加工服务要求、生产产品用途、生产产品消耗结构的相同等标准来对投入与产出表中的部门进行分类[56]。

与此同时，在基于"生产相同类别或与之有密切联系的产品以及替代品"这一参照标准对产业进行界定时，在将"相同的属性"这一质的规定列入参照标准的同时还要将产品的数量作为重要的参数。因此，当且仅当产品的生产和产品的服务产出发展到一定的程度，具备一定规模，并且无论是产品还是服务都可以进行专业化生产的时候，才能将这些具有相同属性的生产产品和加工服务的生产企业集合定义为产业。譬如，尽管在20世纪50年代已经出现了计算机等电子设备，但是受当时生产力发展水平以及生产技术的制约，生产类似电子产品的企业数量有限，而且即便是生产该类产品的企业也产出规模甚小、型号单一，无法从事专业化的生产，因此也不能给予其电子计算机产业的界定。这种情况一直持续到20世纪70年代，随着发达国家生产计算机等电子产品的企业以及研发机构数量剧增，产品的生产门类日益齐全，产品的产出规模也愈来愈大，在一定程度上促进了专业化分工系统的形成，才正式形成了电子计算机产业。

通常状况下，由于每个发展阶段的发展目标有所不同，因此对产业的界定标准在不同的发展阶段也有所差异：第一阶段主要是基于相同的商品市场对产业进行界定的[57]；第二阶段主要是以生产产品时所采取的相同或类似的生产技术、生产或加工工艺为依据进行划分的；第三阶段基本上是以经济活动的阶段对产业进行划分和界定的。根据经济活动的发展阶段来划分产业，必然要遵循动态性这一标准，并且这一标准也可以反映新兴经济活动在不同的经济发展阶段产生的作用和影响，同时新产业的具体内容也可以通过对其进行新的定义予以体现。当然，如果按经济活动经历的不同发展阶段划分的话，则随着社会生产力的日益发展、生产工艺的不断改良、生产技术的不断提高以及社会大分工的不断深化而出现了新的经济活动，在这种情况下，从事这类生产活动的企业集合也可以称为产业。近些年出现的无论是信息产业还是知识产业等新兴产业都是在新经济活动阶段形成的基础上产生的。

二 煤炭产业的界定

煤炭产业是一个集合概念，它是指在世界范围内，大多数国家从事资源的开采勘察、煤田的开发、煤矿的生产、煤炭的贮存、煤炭的运输、煤炭的加工转换以及在煤炭的开采利用过程中对周围环境进行有效保护的产业部门。就我国而言，煤炭产业是我国国民经济重要的支柱产业，也是我国实现工业化的重要支撑。与此同时，煤炭产业也是对能源、矿产资源、废煤资源和水资源等消耗量很大的能源和资源密集型产业。目前，我国煤炭产业的能耗占全国总能耗的40%以上。并且，我国煤炭工业废弃物的消耗、用水的消耗指标均高于国外的平均水平。随着我国煤炭产业的飞速发展，煤炭产业日趋规模化的开采以及对废弃物的随意丢弃将会引发一系列更加严重的资源和环境问题。坚持煤炭的循环利用与可持续发展、建设资源节约型企业是煤炭产业的必然选择。我国的"十二五"发展规划明确提出要"推进煤炭产业的可持续发展，发挥煤炭产业的能源、资源转换和煤炭产品的深加工及制造、煤矸石等废弃物的消纳处理功能"。

三 煤炭产业的特征

改革开放为我国的经济带来了千载难逢的发展机会，经济的飞速发展在一定程度上增加了对能源的需求，在这种情形下，素有"工业粮食"之美誉的煤炭产业更是得到了跨越式的发展[58]。煤炭产业在发展的过程中，也曾遇到过瓶颈和低谷期，尤其是在1998年以后，煤炭产业市场的发展状况较此前的态势进一步恶化，不仅一些稍具规模的煤炭企业经营陷入了困境，而且很多小型煤炭企业由于经营难以维持而走到倒闭的境地。进入21世纪以来，煤炭产业的发展情况逐渐好转，尤其值得一提的是2000年的下半年，煤炭价格由先前的不断亏损开始扭转为逐渐盈利的趋势。尽管煤炭产业的发展有了很大的改观，但整个煤炭产业的困难处境依然没有得到根本性的改善，在当前我国的经济发展中，煤炭产业仍旧面临着许多困难。结合我国的实际情况，我国的煤炭产业主要有以下几个方面的特征。

1. 煤炭产业的市场集中度不高

在世界主要采煤大国，他们的煤炭产业呈规模化发展，尤以经济实力雄厚的大企业、大公司或大集团为主要形式。在俄罗斯、美国等这些以工业为主要经济支柱的国家，一般情况下，只要是市场集中度低于40%的产业都会被看作分散型的产业。然而事实上，在我国煤炭产业的市场集中度大约只有10%。尽管这些年，国家对于煤炭产业的结构进行了一系列的调整，尤其是近两年国家相关部门加大了对煤炭产业关井压产的整合力度，但是我国目前以各种形式存在的煤矿仍有30000多处[59]。基于以上实际情形，可以看出，我国煤炭产业是分散型的产业，是以政府为主导的，没有哪一家或哪几家企业在市场发展中占有明显的优势或绝对的份额，它们的存在形式决定了其不可能对整个煤炭产业的发展产生重要的影响。

2. 煤炭产业竞争激烈，供求关系不平衡

我国煤炭生产总量过剩，直接导致煤炭市场中的供求关系严重失衡。国务院自1998年出台有关"关闭布局不合理以及不合法的煤矿"这一决定以来，在接下来的三年采取了强有力的措施以保证这一决定的顺利施行。先后在全国范围内关闭了不同规模的各类煤矿共计4.6万处，关井压产合计约4亿吨，全国煤炭产量在1999年降至10.5亿吨，煤炭的产量在2000年达到了历史的新低，与1997年相比，大约减产 4.2 亿吨，煤炭在该年的总产量控制在 9.5 亿吨左右。

随着煤炭总量的不断回升，由于煤炭市场的需求量不断增加，煤炭的供求状况在一定程度上得到了缓解，煤炭价格也由 1997 年以来的一路狂跌得到了暂时的稳定，与此同时，社会煤炭的库存量也大幅度减少，尤其在 2000 年，煤炭的销量已经出现了供不应求的局面，其产销率已超过了 100%。

3. 煤炭企业的经营环境恶化，经济效益低迷

煤炭市场运行的不规范，导致了我国煤炭市场的不当竞争，进而使市场中煤炭企业的经营环境不断恶化，它们的经济效益也随之受到一定的影响。据不完全统计，截至 2000 年 4 月底，国有重点煤矿累计亏损 18.5 亿元，超亏 5.82 亿元，94 个原中央财政部直属企业中，有 81 家亏损，亏损面达 85%，即便是少数的具有一定规模的长期赢利企业也首次出现了巨额亏损。结合我国煤炭市场运行的实际情况，导致煤炭企业效益低迷的原因主要有以下几点。

（1）煤炭在国际市场上的供求关系严重失衡。国际煤炭市场的供应商不再呈现单一化的局面，早已自由美国、俄罗斯、中国、加拿大、澳大利亚等几个传统产煤输出大国控制，转变为今天的多国参与，如哥伦比亚、越南等许多新兴的煤炭出口国纷纷而起，在国际煤炭市场上扮演着很重要的角色，这些国家来势汹汹，大有继续扩大煤炭出口量的趋势[60]。就目前来说，煤炭在国际煤炭市场中的供应是处于饱和状态的。结合当前国际社会大力提倡的"能源可持续发展"的口号，各个煤炭进口大国都结合自己国家的实际情况对能源的消耗措施进行了一定的调整，在基于重视生态环境保护和节约能源的前提下，对煤炭的进口采取了一定的限制措施，致使煤炭的价格持续上升，煤炭在国际市场上的竞争愈演愈烈[61]。

（2）受国家新能源政策的影响。无论是从 1994 年国家出台的关于能源政策的转型，即从先前的过分追求能源发展的数量转化为重视能源工业增长的效益这个角度来看，还是从进入 1998 年以后，我国从国民经济的循环、可持续发展的角度出发，对于一次性能源中煤炭所占的比例进行了进一步的调整，重新调整了国家能源发展的布局并制定了适合我国经济发展的新能源政策。旧能源政策的调整和新能源政策的出台，不管是对煤炭的生产环节还是对煤炭的消费环节都在一定程度上起到了约束作用，对于此前原煤可以直接进入终端消费的环节也给予了一定的限制。

（3）煤炭的经营十分紊乱。国家职能部门对煤炭产业的宏观调控及监管力度不够，致使许多达不到开采条件的小煤窑层出不穷、禁而不止，再加上当地政府片面追求经济效益，对这种违法行为更是"睁一只眼闭一只眼"，在一定程度上为这些行为充当了庇护伞，更加纵容了这些小煤窑对矿山的疯狂、肆意开采。由于这些煤窑的安全标准、环保条件均不达标，同时煤窑主还雇用未成年人或健康状况不适宜的人，这些非法生产的煤炭可以低成本且不正当的方式流入市场，严重干扰了煤炭市场的正常运行。

第二节　我国煤炭产业发展现状分析

我国煤炭产业的发展是一个包括煤炭的开采、加工、储运、燃烧使用、废弃物的二次利用、资源型城市建设以及煤炭行业人才队伍建设等多环节、多因素的复杂过程，下面我们从各个方面阐述我国煤炭产业的发展现状。

一　煤炭产业改革发展所取得的成绩

过去五年是我国煤炭产业发展较为迅猛的一个阶段，各项工作都取得了明显的进步，行业获得了长远的发展。在我国宏观经济环境以及相关政策的支持下，不仅煤矿的探测开采技术显著提高，而且煤炭产业也在发展理念、自主创新能力、结构布局、供给能力、资产投资、产业的低碳化发展、市场运行等方面得到了整体的提升。

（一）煤炭勘探开采成果喜人

1. 一批大型、超大型煤田和煤层气田被发现和勘探，后备资源基地逐步形成

在强劲的市场需求拉动下，随着中央地勘基金的启动，多元投资的矿产勘查平台初步建成，煤炭资源潜力调查和勘查工作进一步加强。在东胜、吐哈、神东、陕北等整装勘查项目实施中，一批新技术（如高分辨率三维地震勘探技术、厚冲积层钻井新工艺等）得到有效应用，成功发现和查明了一批大型、超大型煤田。仅2010年，全国就新增查明煤炭资源储量2115亿吨。此外，国家及时启动了大型煤层气勘查国家专项基金，为煤层气规模开发利用奠定了基础。

"十一五"期间，以优质动力煤、焦煤及煤层气勘查为重点，在广大地矿工作者的不懈努力下，一批新的煤炭后备资源基地已逐步建成了。

2. 煤炭资源整合力度加强，乱采乱挖现象得到有效控制

"十一五"期间，国土资源部进一步加强了探矿权和采矿权监管力度。以新立矿产勘查、采矿许可证数量为例，分别从2005年的6002个和16745个减少到2010年的2312个和7391个，调整幅度相当大（见图3-1）。通过这些有效措施，稳步推进煤炭资源开发整合，调整改造中小煤矿，推进大型煤炭基地建设，使小煤窑乱采乱挖现象得到有效控制，煤炭生产逐步回归理性。

通过行之有效的资源整合，既减少了对煤炭资源的浪费，促进合理、科学的开发利用，又逐步规范了煤炭矿业市场，促进有序竞争和

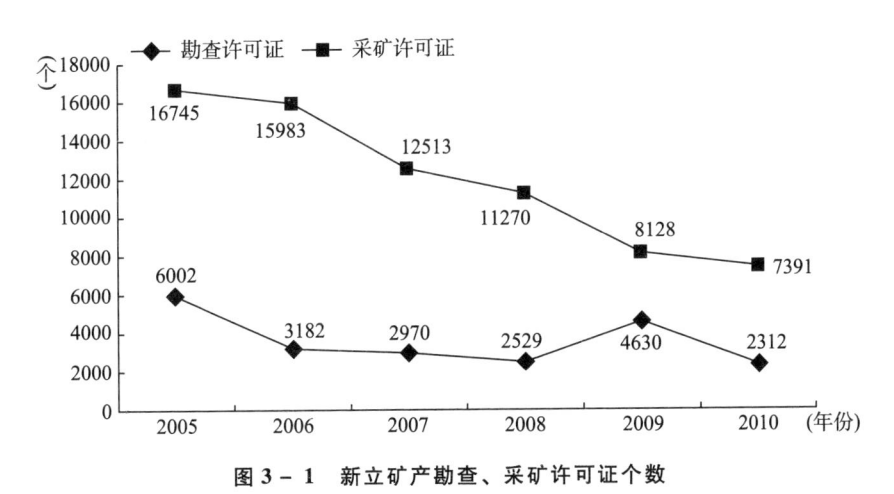

图 3-1 新立矿产勘查、采矿许可证个数

资料来源：《2010 中国国土资源公报》。

社会和谐、稳定，实现经济效益和社会效益的双赢。

3. 煤矿安全生产和节能减排得到高度重视，产能稳步提高

煤矿安全生产和节能减排等问题得到政府、企业和社会的高度重视，除合理确定重点地区煤炭开采规模和强度、实行矿长井下值班制、扶持煤层气开发利用、限制高污染煤（高硫煤、高灰煤）开采等各类措施之外，一系列高效生产、安全生产和清洁生产新技术、新装备（如煤巷-半煤岩巷掘进技术装备、巷道锚杆锚索支护技术、大采高强力液压支架、大功率电牵引采煤机、大运力重型刮板运输机及转载机、大倾角-大运力胶带输送机、低渗透性煤层无煤柱煤与瓦斯共采技术、全矿井安全监测系统、远程集中监控系统等）得到推广应用，并对一些大型煤矿企业进行设备节能改造，提高了资源综合开发利用能力，减少了对生态环境的污染和重大安全责任事故的发生，使企业总体产能得到了较大的提升。

以全国煤炭产量为例，从 2006 年 23.7 亿吨到 2010 年 33 亿吨，四年时间里产能提高了近 40%，有效满足了国民经济建设对煤炭资源的需求，而且煤矿安全生产也达到"十一五"规划目标，如 2010 年，

全国煤矿事故 1403 起,死亡 2433 人,分别比上年同期减少 213 起、198 人,同比下降 13.2% 和 7.5%。此外,在高瓦斯和瓦斯突出的煤矿中,90% 以上的大中型矿山实施了煤层气综合开发利用,年抽采量超过 20 亿立方米,主要用于发电和民用燃料。

4. 煤炭资源的综合利用技术稳步提高,产业自主创新能力不断增强

近年来,地面和井下相结合的煤层气抽采利用、煤矸石发电、土地复垦以及矿井水资源化利用等技术的研发都取得了积极进展,发展循环经济初见成效。在煤炭资源综合加工利用方面,煤炭的气化、洁净煤燃烧以及煤炭的表层固化等技术已经开始从研究的试验阶段,逐步转向产业化的发展。与此同时,煤矿装备国产化水平不断提高,具有世界先进水平和自主知识产权的煤炭直接液化和煤制烯烃技术取得突破,煤矿充填开采、矿区的生态环境治理等绿色开采技术研发取得了重大进展[62]。

(二)煤炭产业发展得到了整体的提升

1. 煤炭产业发展理念的转变

在过去的几年里,煤炭产业在科学发展观的引领下,不断加强对整个产业发展模式的研究和探索。在对矿山的开采环节,一改以往"先开发、后治理"的发展理念,根据国家倡导建设"绿色矿山"的具体要求,将绿色理念融入了从煤炭井口的设计到煤炭开采、产业链发展、煤产品后续利用等产业发展的整个流程,有效地推动了经济的可持续发展。在和谐社会发展的背景下,产业职工的工作环境不断得以改善,其生活水平也稳步提高。国家鼓励煤炭企业实施"走出去"战略,产业的对外开放发展力度不断加大。

2. 煤炭产业布局发生了一定的变化

根据煤炭资源市场和区位情况,目前我国的 1.5 万多处煤矿主要分布在以下3个功能区域内（见表3-1），即煤炭调入区、煤炭调出去和煤炭自给区。天然的资源分布情况和开采条件决定了我国煤炭资源的布局向北和向西转移。2005年全国大型煤炭基地产量达到28亿吨，占全国的87%。年产量超过1000万吨的企业由2005年的30家，总产量8.1亿吨，占全国总产量的35.8%，提高到2010年的45家，总产量21亿吨，占全国总产量的64.8%。2010年，全国年产量超过3000万吨的煤炭企业有19家，总产量接近15.7亿吨。其中，年产量超1亿吨的企业有5家，产量8.13亿吨；5000万~1亿吨的企业8家，产量5.14亿吨；3000万~5000万吨的企业6家，产量2.41亿吨。全国已建成年产量120亿吨以上的大型煤矿由2005年的285处增加到2010年的661处。煤炭企业多元化的产业发展格局初具规模，煤炭一体化发展进程加快，新型煤化工产业逐渐兴起。

表3-1 我国煤炭资源市场和区位情况

功能区	范围	地理位置	特点和要求
煤炭调入区	京津冀、东北、华东、中南	东部	资源少，开发强度大，人口稠密，土地资源稀缺，不宜加大开发规模，应加强接续资源勘查，稳定生产规模。
煤炭调出区	晋陕蒙宁	中部	资源丰富，开采条件好，宜建设大型煤矿，应加快资源勘查和增加储备，加大开发规模，增加对调入区的补给能力，但该地区生态环境脆弱，应加强保护和治理。
煤炭自给区	西南、新甘青藏	西部	资源丰富，但部分地区远离东部煤炭市场，应立足供应本区市场，提高资源勘探程度，适度进行开发。

注：华东包括苏、浙、沪、鲁、皖、赣六省（市）；中南包括豫、两湖、两广、海南六省（区）；西南包括云、贵、川、渝四省（市）。

2005年、2010年我国主要产煤区煤炭产量比重见图3-2。

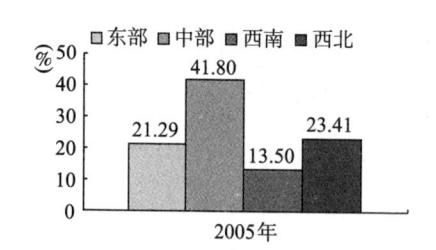

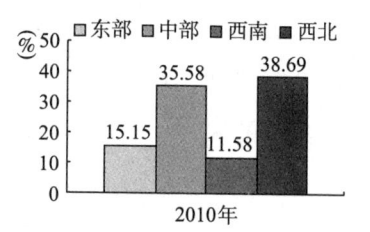

图 3-2　2005 年、2010 年我国主要产煤区煤炭产量比重

3. 煤炭的市场供应能力大幅度提高

全国煤炭产量由 2005 年的 23.5 亿吨，增加到 2010 年的 32.4 亿吨，增长了 37.87%（见图 3-3）。全国铁路煤炭运输量由 2005 年的 12.9 亿吨增加到 2010 年的 19.99 亿吨，增长了 86.82%（见图 3-4）；主要港口煤炭转运量由 2005 年的 3.7 亿吨增加到 2010 年的 5.6 亿吨，增长了 51.35%（见图 3-5）。2005 年，净出口煤炭 4550 万吨，而 2010 年则净进口煤炭 1.46 亿吨（见表 3-2）。2010 年，煤炭在我国一次能源生产和消费结构中的比重分别为 76.8% 和 70.9%（见图 3-6 和图 3-7）。我国煤炭产量和消费量分别占世界总量的 48.3% 和 48.2%。

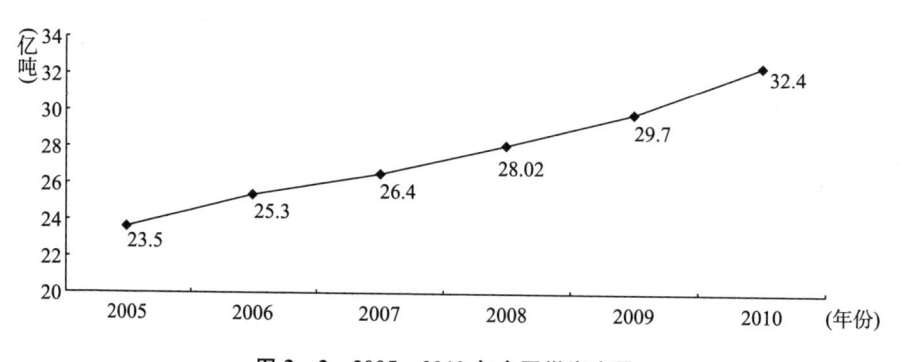

图 3-3　2005~2010 年全国煤炭产量

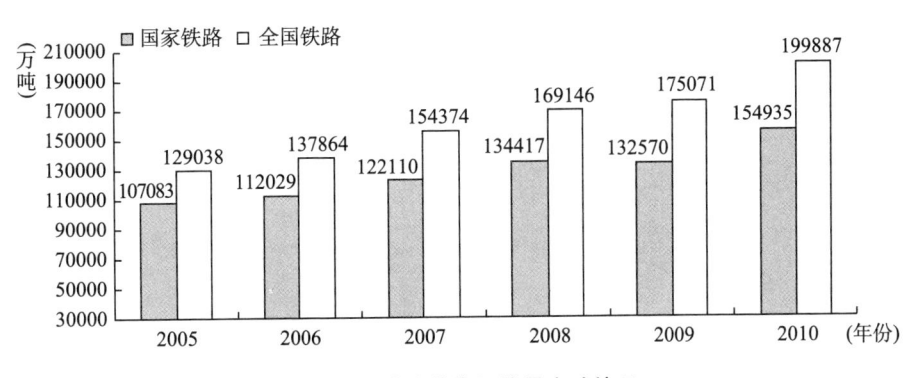

图 3-4 铁路煤炭运输量变动情况

数据来源：铁道部 2011 年统计数据。

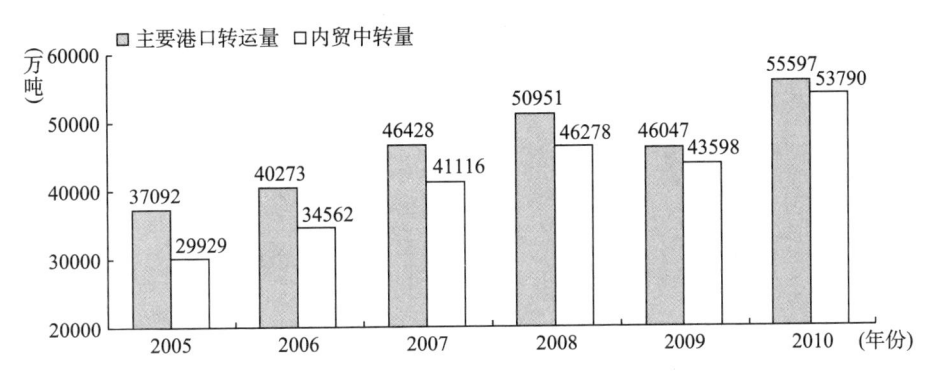

图 3-5 煤炭中转量变动情况

数据来源：铁道部 2011 年统计数据。

表 3-2 我国煤炭进出口量变化

单位：万吨，%

年份	出口	进口	净出口	进出口总量	出口增长率	进口增长率
1981	694.00	194.00	500.00	888.00	9.81	-2.51
1986	981.00	247.10	733.90	1228.10	26.25	7.11
1991	2000.10	136.80	1863.30	2136.90	15.68	-31.70
1996	3648.41	321.66	3326.75	3970.07	27.49	96.72
2001	9012.90	266.00	8746.90	9278.90	63.68	22.07
2002	8389.60	1125.80	7263.80	9515.40	-6.92	323.23

续表

年份	出口	进口	净出口	进出口总量	出口增长率	进口增长率
2003	9402.90	1109.80	8293.10	10512.70	12.08	-1.42
2004	8665.30	1837.70	6827.60	10503.00	-7.84	65.59
2005	7167.52	2617.08	4550.44	9784.60	-17.28	42.41
2006	6329.73	3824.76	2504.97	10154.49	-11.69	46.15
2007	5316.70	5101.60	215.10	10418.90	-16.00	33.38
2008	4543.41	4040.49	502.93	8583.90	-14.54	-20.80
2009	2239.57	12583.44	-10343.87	14823.01	-50.71	211.43
2010	1903.04	16483.31	-14580.27	18386.35	-15.03	30.99

数据来源：中国海关 2011 年统计数据。

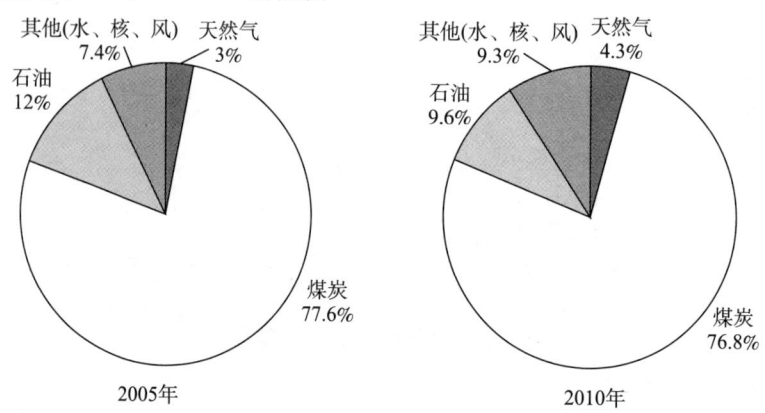

图 3-6 2005 年及 2010 年我国一次能源生产构成

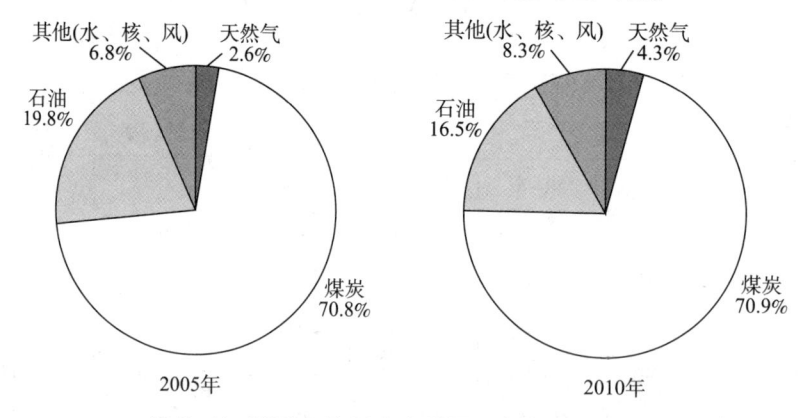

图 3-7 2005 年及 2010 年我国一次能源消费构成

我国煤炭出口量及其增长率变化见图 3-8 和图 3-9。

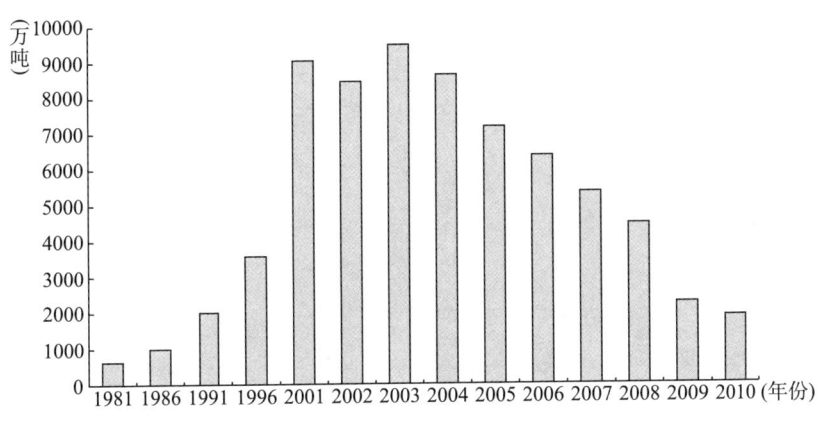

图 3-8　我国煤炭出口量

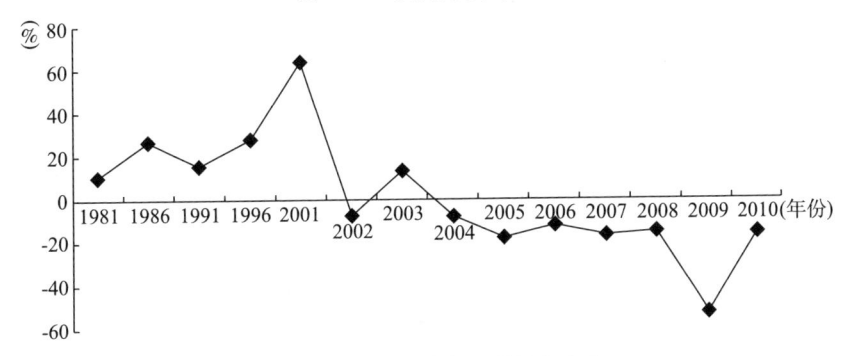

图 3-9　我国煤炭出口增长率变化

我国煤炭进口量及其增长率变化见图 3-10 和图 3-11。

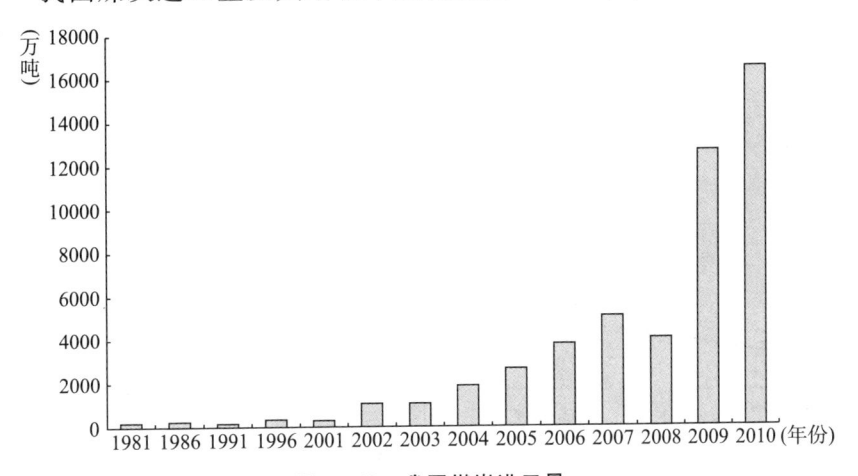

图 3-10　我国煤炭进口量

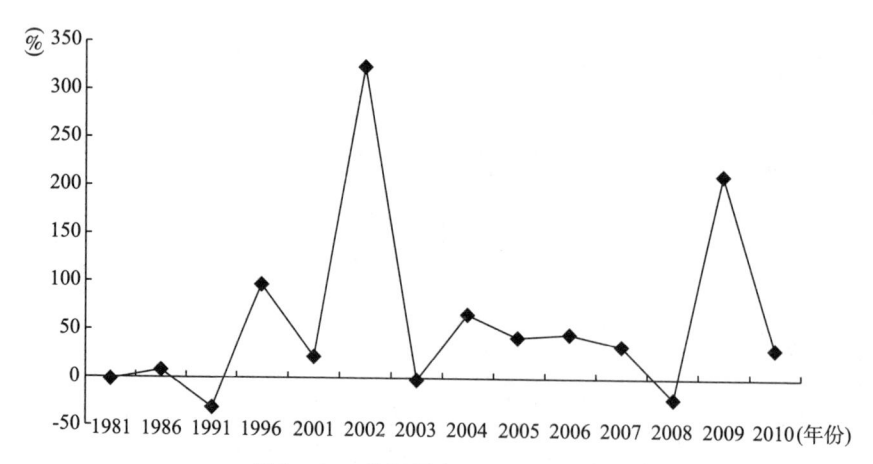

图 3-11 我国煤炭进口增长率变化

我国煤炭进出口走势见图 3-12。

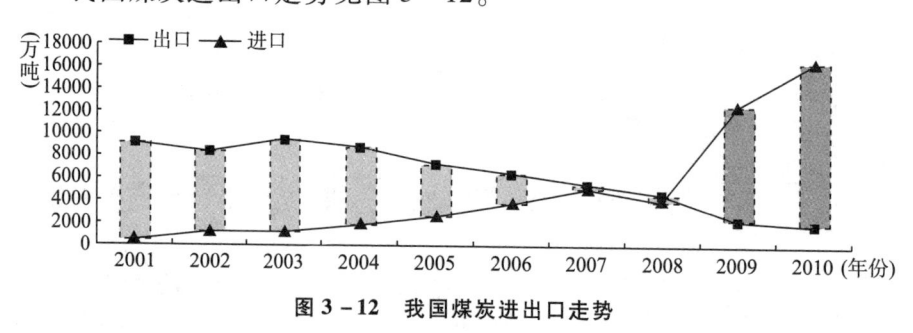

图 3-12 我国煤炭进出口走势

我国煤炭进出口量在总产量中的占比见图 3-13。

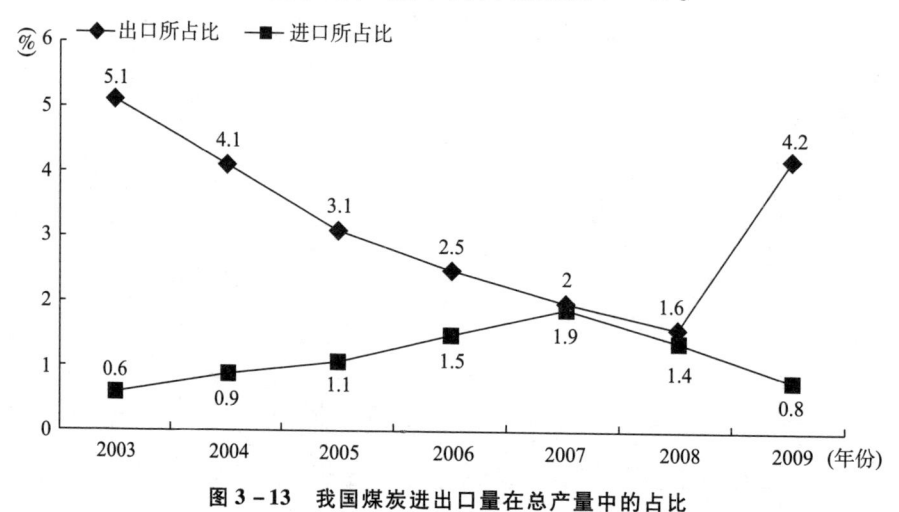

图 3-13 我国煤炭进出口量在总产量中的占比

4. 煤炭固定资产投资大幅增加

在过去的五年里,煤炭产业固定资产投资保持高速增长,全国煤炭采选业固定资产投资总额达到 12490 亿元(见图 3-14),是"十五"期间的 5 倍多,年均增长速度为 26.4%,与这五年的全社会固定资产投资平均增速相比,高 0.72 个百分点。

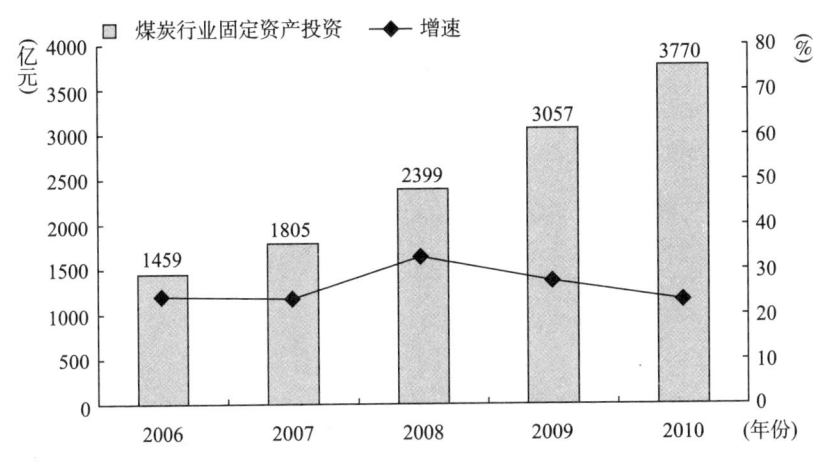

图 3-14 煤炭行业固定资产投资增长趋势

以煤炭企业为例,截至 2010 年底,我国原煤产量为 32.4 亿吨,2011 年保守估计大约有 50 亿吨。国内这些煤炭企业尤其是年产量在 5000 万吨甚至产量过亿吨的大型企业,由于国家这几年好的发展形势以及对其的政策支持,再加上企业注重自身发展,在技术更新、管理模式转变、规模扩大、资金投入等方面获得了良好的发展势头,在一定程度上推动了煤炭企业产业结构的调整和资本运营的快速发展。

(1)煤炭企业联合重组步伐加快

近几年,随着资本运作的集中爆发,我国煤炭产业的兼并和重组达到了前所未有的高潮。煤炭产量大省、产量较充裕的产区从省内的煤炭资源、产业发展模式、资产投资、市场运行状况以及销售额等进行了资源的整合,在整合的过程中,国内煤炭产业的布局也发生了一定的变化(见表 3-3)。

表 3-3 国内煤炭产业布局

省份	整合对象	选取公司名称		采用方式	发展规模	发展格局
		整合前	整合后			
山西	全省煤炭企业	西山煤电集团、汾西矿业集团、霍州煤电集团	山西焦煤集团	三家企业融合	约占全国焦煤总产量的1/5，占国有大型冶金企业冶炼精煤市场一半份额	煤炭市场主体将形成大型化、集中化、高质化的新局面
		大同煤矿集团	新大同煤矿集团	以发展动力煤为主，原企业为母体，整合周边企业	—	
宁夏	—	全自治区的四家煤炭企业	宁夏煤业集团	整合重组	—	—
河南	全省煤炭企业	永煤集团、焦煤集团、鹤煤集团、中原大化集团、省煤气集团	河南煤业化工集团有限公司	1. 组建集团 2. 整合集团旗下主业资产，对辅业进行剥离改制 3. 以集团为平台，进一步整合省内外、国内外资源	全省最大的能源化工企业集团，注册资本暂定60亿元	
黑龙江		四家国有重点煤炭企业	龙煤矿业集团	剥离式重组	—	
陕西		资源整合中		—	—	—
江西						
湖南						
四川						
重庆						

（2）产业多元化链条发展基本形成

在煤炭产业多元化发展路径的选择方面，很多资金实力雄厚、发展前景好的大型煤炭企业更多的时候是将产业的发展战略定位放在其产业链条发展和延伸之中来考虑的，如实现煤－电－路－港－航、煤－电（焦）－化以及煤－电－铝（材）等多元化发展（见表3－4）。

表3－4 煤炭产业多元化发展情况

企业名称	神华集团	兖矿集团	西山煤电集团	大同煤矿集团	淮南矿业集团
采取路径	通过对国家"煤代油"项目"债转股"，对电厂进行控股，连同所属坑口电厂实现高瓦数的装机总量	煤炭的转化和利用；综合利用节能降耗	给矿井建设配套的选煤厂，来扩大矿井的生产能力、提高入选能力	重组机械、电力、通讯、基建四大非煤支柱产业；改造5座大型洗煤厂	煤炭－煤化工－电力－建材－建筑－机械
形成的产业链条	煤－路－港－航	煤－化－电	煤－焦－气－化；煤－电－铝－材	出口煤、电煤、特殊用煤三大基地	以煤化工为核心的新的支柱产业链

5. 煤炭经济运行质量稳步提高

2010年全国规模以上煤炭企业实现主营业务收入2.31万亿元，较2005年增长302.27%；资产总额3.27万亿元，较2005年增长285.3%；行业利润总额超过3000亿元，较2005年增长4.5倍；应缴增值税额2176亿元，较2005年增长306.8%。"十一五"期间，全行业固定资产、行业利润、税收贡献率均大幅提高。煤炭产业运行基本保持平稳发展态势，运行质量稳步提高。

6. 煤炭绿色经济逐步实现产业化发展

"十一五"期间，煤炭资源综合利用产业化发展初具规模，煤炭绿色经济示范矿区建设进展较快。塔山循环经济工业园建设摸索出了以煤为主、多元发展、节能减排的发展道路。截至2010年底，煤矸石电厂装机容量达2600万千瓦，年利用煤矸石、煤泥约1.3亿吨，约折合 4000 万吨标准煤当量；利用煤矸石制砖等建筑材料，约折合标砖 120 亿标块，利用煤矸石约 3600 万吨，节约能源约 120 万吨标准煤当量。煤矸石综合利用率达 62.5%。累计煤层气抽采量 88 亿立方米，其中，煤矿瓦斯抽采 73.5 亿立方米，地面抽采 14.5 亿立方米；利用 36 亿立方米；建成瓦斯发电装机约 300 万千瓦。

7. 矿区和谐发展初见成效

据不完全统计，目前我国煤炭企业已安排就业 570 多万人，为 2000 多万人提供了生活保障。大型煤炭企业积极利用国家支持政策，加大棚户区改造投入，一大批煤矿工人喜迁新居；由 2006~2010 年的原国有重点煤炭在岗职工月均工资（见图 3-15）可以看出职工年平均收入从 2006 年的约 2.5 万元提高到了 2010 年的 4.2 万元左右[63]。如同煤集团计划投资 100 多亿元，用 3~5 年时间，彻底解决 10 万户 30 万员工家属的居住问题；目前一、二期工程已经完工，7 万户居民喜迁新居，三期工程已经开工。

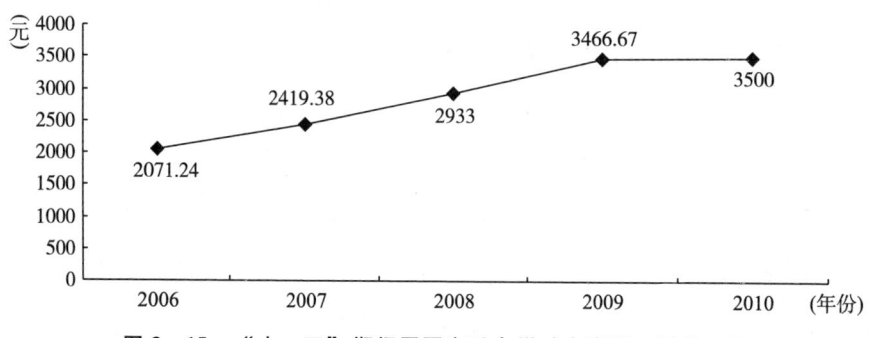

图 3-15　"十一五"期间原国有重点煤矿在岗职工月均工资

大型煤炭企业主要经济指标见表 3-5。

表 3-5　大型煤炭企业主要经济指标[10]

年份	主营收入（亿元）	主营成本（亿元）	吨煤成本（元）	资产总额（亿元）	利润总额（亿元）	纳税总额（亿元）	应收账款（亿元）	职工收入（元/月）
2006	5306.37	3731.57	317	10673.61	512.6	80.83	421.25	2071.24

续表

年份	主营收入（亿元）	主营成本（亿元）	吨煤成本（元）	资产总额（亿元）	利润总额（亿元）	纳税总额（亿元）	应收账款（亿元）	职工收入（元/月）
2007	7022.63	4907.52	383	13673.05	718.16	132.89	407.62	2419.38
2008	10712.25	7511.52	507	18622.43	1225.72	153.83	743.01	2933
2009	12073.13	9151.12	545	25023.4	1208.29	191.91	783.57	3466.67
2010	17085.64	13073.91	660	31794.21	1657.96	216.08	1215.50	3500

注：表中所有职工收入为原国有重点煤矿在岗职工。

8. 对外开放水平提高

在过去的五年里，我们国家无论是在对外资的利用规模还是在对外投资方面都获得了较为迅猛的发展。2006～2010年，我国累计实际使用外商直接投资4260亿美元，年均增长11.9%，是"十五"时期的1.6倍。

在不断提升对外资的吸引能力的同时，我国企业也加快了"走出去"的步伐，对外投资增长强劲。2010年，我国非金融类对外直接投资额达到590亿美元，是2005年的4.8倍，年均增长36.9%。

2010年我国对主要国家和地区货物进出口额及增长速度见表3-6。

表3-6 2010年我国对主要国家和地区货物进出口额及增长速度[64]

单位：亿美元，%

国家和地区	出口额	比上年增长	进口额	比上年增长
欧盟	3112	31.8	1685	31.9
美国	2833	28.3	1020	31.7
中国香港	2183	31.3	123	40.9
东盟	1382	30.1	1546	44.8
日本	1211	23.7	1767	35.0
韩国	688	28.1	1384	35.0
印度	409	38.0	208	51.8
中国台湾	297	44.8	1157	35.0
俄罗斯	296	69.0	258	21.7

9. 煤矿安全生产形势稳步好转

全国煤矿事故总量由 2005 年 3306 起减少到 2010 年 1403 起,下降 57.6%,死亡人数由 5938 人减少到 2433 人,下降了 59%;煤炭百万吨死亡率由 2.811% 下降到 0.749%,下降了 73%。

2006~2010 年各区域事故人员伤亡基本情况见图 3-16。

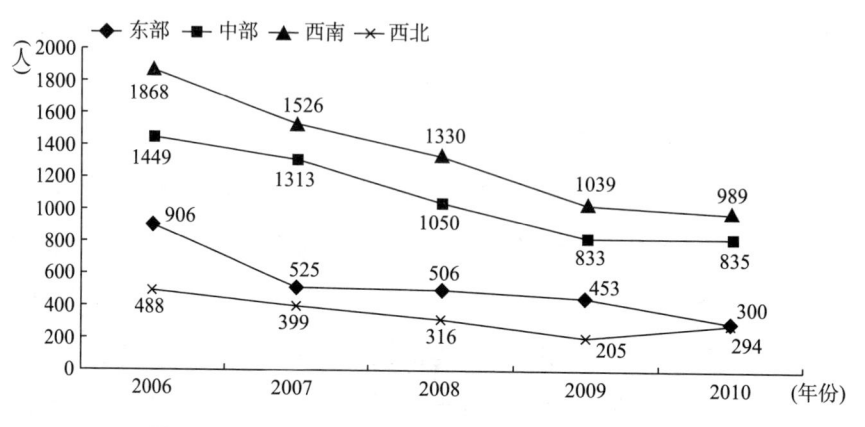

图 3-16 2006~2010 年各区域事故人员伤亡基本情况

二 我国煤炭产业发展中的问题

(一) 煤炭开发所引发的环境问题

1. 开发过程中的污染

(1) 煤炭的开采环节

人们在对煤炭进行开采时,眼光只停留在矿区地面以上的空气污染等环境质量及其周边生态环境的变化,往往对埋藏着丰富的煤炭资源的地下环境视而不见。

煤炭资源的地下环境就是我们通常所说的煤矿的地下作业环境,是在煤矿的开采过程中必须考虑的可以保证地下工作环境并且同时会对矿工的身心健康、人身安全、工作情绪、工作效率等产生影响的外部环境因素的总和。矿工工作的地下环境阴暗潮湿,空间狭窄导致空气流通差、环境的降解能力和自净能力差等。同时矿井的地下环境、采掘方式、深度等因素也对矿井的地质环境、地下水和空气环境以及地下噪声等环境造成了不同程度的影响[64]。

地下地质环境：地质条件的不同造成冲击地压、地温升高，导致井下热害和顶板冒落事故，严重的还会发生煤（岩）与瓦斯事故。

地下空气环境：煤层中常含有大量的 CH_4、CO、CO_2、NO、H_2S 和 SO_2 等有害气体，采动时释放进入作业空间，会使人中毒甚至死亡，还有可能引起瓦斯爆炸等灾害性事故。井下采掘作业产生的岩尘、煤尘不仅是引发尘肺病的重要污染物，而且会引起煤尘爆炸，危机矿井及人员的安全。

地下水环境：主要是水污染，由于岩层的渗漏，工作面、巷道井水及井下空气过于潮湿，作业环境不断恶化，在给矿工的身心健康造成严重后果的同时也在一定程度上造成了水患。

地下声环境：随着开采设备机械化程度的不断提高，井下各种设备的噪声污染也日趋严重，矿井内空间小、通风性差，机械设备运转在这些地下工作环境的各个壁面形成的噪声级越来越大。

（2）矿区土地被占用，大量资源遭到严重的破坏

在煤炭的开采加工过程中，传统的露天开采剥离的方式使地表和植被受到了严重的破坏，由于剥离面积远大于要开采的面积，开采后留下了大面积的舍场，同时在地下开采和煤炭洗选的过程中排放出大量的煤矸石，作为我国排放量最大的固体废弃物，煤矸石在我国整个工业的废弃物排放量中约占四成，这些固体废弃物的出现不仅使大量的土地资源白白被占用，而且有的煤矸石在氧化和自燃的过程中产生大量的有毒气体，这些有毒气体的释放对我们呼吸的空气、赖以生存的水资源以及土壤都造成了严重的污染[65]。（见表3-7）

表 3-7 煤矸石的产生量[1]

单位：亿吨

年份	2004 年	2010 年	2020 年预计
原煤产量	19.56	22	26
排除矸石	2	4.4	6.14
入洗原煤	6.5	11	18.2
排除洗矸	1.17	1.98	3.28

矿井水、选煤废水、煤矸石发电厂的冲灰水中过量的有害元素沿着直排河道污染了附近的土壤。其中，由煤炭开采引发的一系列生态问题在不同的地区的表现是有差异的（见表 3-8）。

表 3-8 不同矿区采煤破坏土地造成的危害

生态破坏类型	生态破坏特征
平原地下开采	形成地表下沉盆地，富水地区沉陷坑积水，地表裂缝引起水土流失，地表建筑物破坏
平原露天矿区	地表水系破坏、地下含水层破坏，形成深凹的露天坑和平地堆起的排土场
丘陵、山区地下开采	山体滑坡、台阶状沉陷、山体裂缝、水土流失加剧
丘陵、山区露天开采	水体破坏，形成深凹露天的坑和排土场
荒漠化矿区	水体破坏，水土流失加剧、植被覆盖度下降

（3）对大气环境的污染

煤炭在开采的过程中，释放出了大量的矸石。矸石的自燃、煤堆的自燃、露天爆破以及在煤炭的储装运环节产生的大量的工业粉尘末等都构成了对大气的污染源。

矸石自燃：自 1980 年以来，我国的原煤产量稳步增长，特别是改革开放以来，煤炭的生产总量已经达到了 250 亿吨以上，其中洗选加工量达 80 亿吨。由于这些废弃物得不到及时的处置，大量的煤矸石堆存，而且现在煤矸石每年还在以3.0亿~4.0亿吨的排出量不断增多，这为煤矸石的自燃提供了大量的基础原料。这些煤矸石自燃后产生 SO_2、CO_2、CO、H_2S 等大量的有害气体，对大气造成了严重的污染，同时也直接损害了周围居民的身心健康。

我国部分矿区环境监测站对自燃矸石山产生大气污染物的监测结果见表3-9。我国《环境空气质量标准》（GB3095-1996）中规定，SO_2、CO污染物的二级质量标准分别为0.15毫克/立方米和4毫克/立方米（日平均浓度）。而在自燃矸石山的周边，空气中 SO_2 的浓度最大达到标准的126.7倍，CO的浓度最大达到标准的46.1倍[66]。

表3-9 中国部分自燃矸石山污染监测结果

单位：毫克/立方米

监测项目	乌达矿山跃进矿	阳泉矿区二矿	韩城矿区桑树坪矿
SO_2	10.6	19.0	7.02
CO	—	125.9	184.23
H_2S	1.57	—	—

除此之外，威胁矿井安全的非常重要的一个因素——瓦斯，也是一种重要的温室气体，其温室效应是 CO_2 的21倍。我国每年矿井开采通风排放的甲烷为100亿~120亿立方米，占世界甲烷排放总量的30%。露天开采对煤层进行松动爆破，每次大约需消耗10吨以上的炸药，产生的烟尘冲向空中，排土场废弃的土石露天堆积，很容易风化产生大量的粉尘，二者都加重了对空气的污染。随着煤矸石发电的迅速兴起，劣质煤在煤矿自用煤中也占很大的百分比，煤炭资源一方面得到高效利用，另一方面其生产电力也排放大量的污染物，给空气造成了极大的污染。

（4）噪声污染

随着煤矿开采设备机械化程度不断提高，大量煤炭外运致使这些机器每天处于高速运转之中，在机器的运转过程及其生产辅助系统的工作过程中产生了大量的矿山噪声，包括生产噪声、建筑施工噪声、交通运输噪声等，声源多、声级高而且分贝也特别高，尤其是在矿山开采的实际操作过程中，有些未经降噪的噪声远远超出了规定的标准，相当刺耳，导致在矿井作业的矿工的工作效率大打折扣。工种不同、工作年限不同、年龄大小不同的矿工，噪声在他们身上的表现也是不同的。以凿岩工为例，凡是在井下工作时间超过10年的，通常情况下，超过八成的人会有听力衰退的症状，主要表现为听力障碍，超过两成的人有职业性耳聋，有的甚至还得心血管以及消化系统等多种疾病。这些噪声在严重影响矿工工作效率的同时，使他们的警觉性也受到了严重的削弱，致使他们在井下作业时遇到危险的情况反应迟钝，危险系数大大增加，在一定程度上增加了发生事故的可能性。

（5）生态破坏引发的社会问题

我国目前不合理的采煤方式使大量的土地遭到破坏，退化严重，农民可用耕地日趋减少，一系列的社会问题也由此而生：农作物严重减产、土壤肥力下降、水土流失日趋严重、土地的沙漠化致使刮风时尘土飞扬，对矿区以及矿区周边区域的环境造成了很大的污染[67]。尤其是在暴雨天气，大量的泥沙涌入河道，不仅致使大量水体发生淤积，而且严重影响了水利设施的正常使用，可能引发洪涝灾害。同时，水域地质环境的不断恶化，给矿区的农田灌溉和人畜饮水都带来了许多困难，含水层水位的不断下降以及地表水的干涸，也给地面建筑物造成了严重的损坏，空气湿度的持续下降，更加剧了水土的流失和土地的沙漠化。

2. 煤炭的加工过程中的污染

从煤炭的性质和制污总量来看，尽管煤炭在加工环节制造的污染物总量要比在煤炭开采环节形成的污染物少，但是加工环节的污染物对周围环境的影响远远大于煤炭开采环节的污染物。从煤炭加工的整体流程看，在原煤筛分的过程中产生的废水、在洗选过程中产生的粉尘、动力配煤产生的煤矸石以及在煤炭的炼焦过程中产生的废水等都是污染物的主要来源。

就选煤水来说，按我国目前的洗选水平来计算，入洗1吨的原煤将会产生0.2~0.3立方米含高浓度悬浮物的选煤废水（也就是我们通常所说的煤泥水）。由于这些废水中含有大量的煤泥和岩石微粉，所以未经处理的煤泥水中悬浮物的浓度有的甚至超过5000毫克/升。倘若这些高浓度的煤泥水直接排放到地表水中，不仅会堵塞河道、污染矿区环境，而且还会对农民灌溉农田的农业用水、工业用水以及矿区和矿区所在地区居民生活用水都造成很严重的污染，在矿区周围的景观环境遭到破坏的同时，也极大地污染了我们宝贵的水资源。

3. 煤炭储运过程中的污染

煤尘产生于煤炭储存、装卸以及运输过程的各个环节，是污染环境的十分重要的因素。我国煤炭生产区的地理位置决定了煤炭业长期存在"北煤南运、西煤东运"的运煤格局，再加上受铁路运输条件的影响，为了保证煤炭开采、生产等环节的顺利进行，我国现有的每个煤矿都建有自己的储煤场。根据矿山规模的不同，每个储煤场的大小也有所差异。据资料显示，目前我国现存的储量超过万吨的储煤场有5000多座。由于技术落后、资金短缺等局限性，在建设时缺乏建设防尘和集尘设施的考虑，储煤场的煤尘四处飞扬，煤炭在这个过程中被大量浪费，而且储煤场上空及周围空气质量不断恶化，环境遭到了极大污染。同时，煤炭的分布格局决定了，只能通过铁路对煤炭实行"从北到南、从西到东"的运输，来满足全国对煤炭的需求[68]。由于铁路沿线存有大量的煤尘粉灰，如果按0.2%的运输扬尘损失计算，我国目前铁路年运煤量达到 7.0 亿~7.7 亿吨，那么每年铁路、公路煤炭运输向大气排放的煤尘超过 300 万吨，按此来计算的话，煤炭在运输过程中的资源浪费造成的经济损失高达 5 亿元之多。同时，粉尘和扬尘对运煤公路、铁路的沿途的生态环境特别是农作物和植被造成了严重污染。

4. 煤炭转化以及使用过程中的环境污染

在煤炭转化为二次能源的过程中，会出现诸如废水、废弃物以及一些其他的固体废弃物，这些废弃物严重污染了周边的环境。燃煤发电对煤炭的消耗量是相当可观的，大约占煤炭生产量的一半。在锅炉燃煤的过程中，会排放出大量的诸如二氧化硫、二氧化氮以及硫和氮的各种氧化物，这些物质均属于有害气体。由于技术落后、设备陈旧，在用传统工艺炼焦时缺少煤化工产品的回收系统，大量的煤气等废弃物全部排放到大气中，空气质量严重超标。煤气发生站和煤制气厂除了在作业过程中会排放出大量的有害气体，在煤气洗涤环节产生的废水也给环境造成了很严重的污染。

我国 85% 的煤炭是通过火力发电、民用取暖、工业锅炉等方式直接燃烧使用消耗的。煤炭在燃烧过程中会排放出以烟尘、SO_2、NO_x、CO_2、多环芳烃类有机物、灰渣和废热等为主的多种污染物，燃烧 1 吨煤炭排放的污染物量见表 3-10。

表 3-10 燃烧 1 吨煤炭排放的污染物量

单位：千克/吨，%

污染物	锅炉类型		
	电站锅炉	工业锅炉	采暖锅炉及家装炉
一氧化碳（CO）	0.23	1.36	22.7
碳氢化合物（CnHm）	0.091	0.45	0.45
氮氧化物（NO_x）	9.08	9.08	3.62

续表

污染物	锅炉类型		
	电站锅炉	工业锅炉	采暖锅炉及家装炉
二氧化硫 SO_2	—	16.72S[①]	—
烟尘	—	1000A.dfh[②]	—

注：① S 指煤炭含硫量（%），若煤炭含硫量为2%，每燃烧1吨煤排放的 SO_2 为 $16.72 \times 2 = 33.44$ 千克。

② A 指煤的灰分（%），dfg 指烟气中烟尘占的分量百分比（%），其值与锅炉燃烧的方式有关。

在上述这些污染物中，烟尘不仅会降低大气的能见度，还会对绿色植物的光合作用产生很大的影响；进入空气后，CO 被氧化成 CO_2，而 CO_2 是地球"温室效应"形成的主要因素，会引起全球变暖。除此之外，煤炭在燃烧的过程中排放出大量的灰渣，这些灰渣不仅占用大片土地、污染大气，而且它们一旦被雨水冲洗，就会对水资源造成严重污染，土壤也会遭到严重的破坏。

三 煤炭产业人才培养中存在的问题

（一）专业人才数量少，知识水平和学历水平不高

据资料显示，在澳大利亚、美国、德国等采煤发达的国家，专业技术人员在从事煤炭行业相关工作的人员中的比重大于50%，而在我国从事该产业相关工作的700多万人员中，专业技术人员的比重只有3%，即使是在那些年产量500万吨以上的大中型煤炭企业中，从事研发的技术人员不过2000人。我国煤炭产业专业技术人员学历构成见表3-11。

表3-11 我国煤炭产业专业技术人员学历构成[1]

单位：万人，%

学历	大学本科	大专	中专	高中	初中及以下
专业技术人员	11.1	18.1	22.2	6	4.6
所占比例	18	29	36	10	7

机械化实施程度较高的煤炭企业，其人员中拥有本科学历的专业技术人员也不过3%，其中高级技术人员的比重在10%左右。在地方煤矿或更基层的煤矿，技术人员更是奇缺，从这些少数的技术人员的学历背景看，他们并没有什么专业学历，更多的只是参加过短期的相关培训而已。

（二）高层次专家和专业技术带头人少，人才断层现象严重

目前，我国两院院士将近2000人，而煤炭系统拥有院士的人数仅占总人数的1%，从数量上来说，还没有国内任何一所"985""211"重点高校所拥有的院士人数多。截至2011年，我国整个煤炭系统拥有正高或研究员职称的专业技术人员不超过1500人，其中还包括因为行业发展需要，已经超过退休年龄但依然工作在第一线的将近300名的退休职工，几乎占总数的1/5。据不完全统计，5年之内达到退休年龄的专业技术人员大约600人，几乎占40%，高层次技术人才断层现象依然很严重。

（三）人才队伍结构不合理，分布不均衡

国家"十一五"规划关于"大力推进洁净煤技术的应用""科教兴煤"等战略的具体要求决定了煤炭产业必须不断调整产业结构以加快其优化升级和科技进步的步伐，这无形中增加了对行业内各类人才的需求量。根据《中国煤炭报》相关资料，许多煤炭企业都缺少采矿、通风、机电等方面的专业技术人员，除此之外，法律类、管理类、经济类等专业人才缺口也很大，企业人才断档现象十分严重。一些经济管理类专业的大学毕业生不愿意到相对条件较差的二、三线城市去发挥才能。有的企业由于招不到煤炭专业院校毕业的科班大学生，只能安排那些工龄时间长、经验相对较丰富的技工来代替行使职责。至于

乡镇煤矿，人才匮乏情况更为严重，许多技术性的工作都是直接抽调普通工人完成，这些人不仅不具备专业知识，而且没受过短期培训，更谈不上有管理水平。这些都严重制约了煤炭产业的生产建设及长远发展。

（四）煤炭产业经济效益不高、人才供求严重失衡

煤炭产业属艰苦行业，近几年经济发展不景气，致使煤炭企业发展状况不尽如人意，经济效益的滑坡导致有些企业维持经营十分困难。在这种形势下，大量煤炭企业接收在煤炭院校受过系统教育的科班本科毕业生的数量急剧下降，而原本在这些企业工作的大学毕业生或专业技术人员，由于经济形势不好，工作环境长期得不到改善，再加上工资福利待遇低、个人发展空间小等因素，他们纷纷奔向那些经济效益高、生产条件好、发展势头迅猛的行业，煤炭企业高学历专业技术人才的流失数量远远大于引进的人才数量。这种"入不敷出"的局面，在使整个煤炭产业出现人才断流的同时，极大地影响了产业人才的更替和梯队的建设，使得相当一批企业出现了高级工程师、队长、段长等领导职位空缺的情况。

四　煤炭产业资本运营方面存在的问题

"十一五"期间，随着国家相关法律体系和制度的逐渐成熟和完善，再加上固有资本积累等因素都为煤炭产业的资本运营提供了广阔的发展空间。然而，煤炭产业在资本运营方面取得了一定成绩的同时，仍然存在一些问题。

（一）国家对煤炭企业的资金投入不足

由于我国对煤炭企业的投入长期不足，许多企业入不敷出、负债累累，甚至有些规模相对较小的企业几乎濒临破产。根据新税制的规

定，对煤炭业参照制造业的标准征税。这样一来，煤炭企业需上缴的税费较之以前，大幅度上涨，无形中给其带来了巨大的经济压力，港口和铁路作为煤炭的重要的运输渠道也增添了额外的经济负担，枯竭矿井的数量不断增加，煤炭企业的后续开采越来越紧张。我国煤炭产业长期以来奉行的国家最低标准规定，使得煤炭产业的经济效益一直处于产业链条的较低水平，甚至存在一定程度的亏损。同时，煤炭资源开采资金的投入不足致使企业资金自我积累能力较差，直接影响了生产设备的更新和技术研发的进展，使得企业在面临生产安全问题的同时，其良性循环发展也难以进行。截至目前，除了个别特大型的煤炭企业在集团上市融资、煤炭企业并购、参股控股等资本运营方面有所行动外，绝大多数规模适中以及相对较小的煤炭企业的资本运营水平依然较低。

（二）人力资本利用率极低，运用效果差

人才在任何一个行业的发展过程中都发挥着至关重要的作用。煤炭作为传统的劳动密集型产业，人才梯队的架构在其产业发展过程中的推动作用更是不可或缺的。尤其是涉及金融、知识产权、相关法律条款、市场运行机制、产业政策等方面的工作，更需要专业的人才队伍来夯实基础。然而，我国绝大多数企业由于长期受我国经济体制以及市场实际运行状况双重因素的制约，对人力资源的开发始终没有给予足够的重视。与发达国家对人力资源的有效运用形成了极大的反差，以美国为例，20世纪末前三大煤炭企业的从业人员总数及产量的概况如表3-12所示，由于美国的市场经济发展历史较为悠久，市场运行体制较为成熟，国家的整个法律体系以及相关政策也比较健全，再加上其国内培训机构可以提供专业可靠的信息，因此这些企业的资本运营更多采取外包的形式进行。

表 3-12　20 世纪末美国前三大煤炭企业人员数量及产量概况

单位：人，百万吨

企业名称	人员数量 （1999 年）	产量	
		1997~1998 年	1998~1999 年
皮博迪煤炭公司	7800	145.2	176.0
阿齐煤炭公司	5600	109.0	115.1
固本能源集团	6970	75.8	74.4

进入 21 世纪以后，中国重点煤炭产业企业人员总数与煤炭产量见表 3-13。

表 3-13　中国重点煤炭产业企业人员总数与煤炭产量[66]

单位：人，百万吨

企业名称	人员 （2003 年）	产量	
		2002~2003 年	2003~2004 年
神华集团	90000	101.97	121.0
中煤集团	97000	35.88	51.87
兖矿集团	100000	45.60	39.15

通过和美国对比，不难发现，我们的人均产值和国外存在较大差距的情况由来已久。近年来，煤炭产业在我国发展势头迅猛，国家的大幅度政策倾斜、资源整合力度的加大以及各项相关法律、规章制度的不断完善都为其创造了良好的发展环境，使煤炭产量大幅度上升，然而这依然没有改变其人力资源利用低下的境况。煤炭产业对人才的专业背景和专业技术都有很高的要求，由于我国目前尚未形成成熟的人才体系，所以盲目地效仿国外外包的形式是不可取的，只能先结合自身的实际情况培养专业人才以为进一步的发展做好铺垫。

（三）政府角色定位不明晰

以美国为例，其煤炭资源是归国家和私人共同拥有的。为控制资源的使用，其对应的管辖部门通常采取租借的方式进行开采。在开采过程中，对于已探明的煤炭资源采取公开竞标的方式以获取采矿权，对未探明的采取优先开采的办法。煤炭的市场价格依照对资源的评估结果确定。在开采、加工及燃煤方面严格遵照规定，各项指标或设计不达标的取消开采权，环保措施不过关的给予关闭，这些极大地保障了其国内煤炭产业的顺利发展。

就我国而言，尽管改革开放为我国经济体制注入了大量的活力，极大地推动了我国经济的发展，对煤炭产业也实行了相对较灵活的管理制度，但由于之前受计划经济体制的影响颇深，"大家长"式的管制方式在短时间内依然无法改变。煤炭资源作为国家财产，国家在对其进行开采时，通常是采取低价转让或无偿开采的方式进行的，这样一来，煤炭产业的准入低下导致越来越多的小煤矿蒙混过关，严重地干扰了市场的秩序。在煤炭的价格制定上，向来都是由政府和市场势均力敌，煤炭企业难以在市场正常的经济运行中实现其价值，严重阻碍了资本的积累，在一定程度上制约了产业的后续发展。在很多乡镇，一些行政领导过分看重暂时的经济利益，利用国家赋予其的神圣权力以权谋私，盲目地对企业进行"拔苗助长"，不仅严重干扰了市场秩序，而且违背了市场发展的自然规律，给企业资源造成极大浪费的同时，使企业的市场竞争力也受到了重创。

（四）发展观念陈旧，改革形式大于内容

煤炭产业一度被叫作"夕阳产业"，然而在美国"夕阳并未西下"。美国国内成熟的市场运行机制、调节机制、发展理念以及良好的发展环境都极大地推动了煤炭产业由劳动密集到资本密集、由资源密集到技术密集的顺利实现。

尽管我国从计划经济体制向市场经济体制的转轨已有 30 余年的

时间，在这 30 年摸爬滚打地不断摸索中，不管是经济发展模式还是产业发展理念都有了较大程度的调整，但依然未能摆脱思想的束缚，从根本上实现彻底的解放。改革重形式轻内容，产业的发展方向模糊不清，发展战略因循守旧、缺乏创新意识等，严重影响了煤炭产业有效的资本运营，在一定程度上阻碍了煤炭产业的健康发展。

五 资源型城市发展过程中存在的问题

在我国经济发展的过程中，国家对能源的使用向来非常重视，尤其是在"十一五"时期，国家把大力发展煤炭产业作为工作的重中之重。随着我国大力发展煤炭产业政策的相继出台，对煤炭的开发力度也随之增大，在这个过程中，涌现了很多煤炭城市。这些城市通常可以被划分为两类：第一类，曾经是煤炭资源型城市，但随着经济的发展，其城市格局也随之发生了一定的变化，逐渐实现了经济的多元化发展，煤炭资源不再作为单一的资源起主导作用，代表性城市是唐山等；第二类，对煤炭资源的开发较晚，且现在仍以其主导经济的发展；代表性城市是大同等。尽管这些城市受所处地域政策、经济环境、人文因素、地理位置等影响，会在其发展过程中遇到各式各样的问题，但根据经济绿色化发展的具体要求，它们面临的问题仍有一些共同之处。

（一）资源利用方面存在的问题

1. 资源耗费严重、回收率低、综合利用能力不高

在煤炭的开采过程中，一些规模比较小的乡镇企业，由于开采方式不规范，采富弃贫的现象十分严重且回采率相当低，资源遭到了极大浪费。就我国目前大约 30%～40% 的回收率来看，与国际 10%～20% 的平均水平相比还存在很大的差距[69]。粗放式的采掘方式在加速资源浪费的同时大大缩短了煤炭城市产业结构调整的时间周期。此外，国家对矿山勘查开采工作的投入不足，再加上对矿山的过度开采，致使后备资源供需紧张，长此以往，将会有更多的矿山企业陷入资源枯竭的境地，严重影响子孙后代的生活。同时，许多煤炭资源型城市并未利用好自己的资源优势特色，如对产品进行深加工或以煤炭及其废弃物为原料进行相关领域的新产品研发等，致使煤矸石大量堆积，不仅污染了环境、占用了大量的土地，而且造成了极大的浪费。

2. 管理不规范，法制意识不强

很多小型的煤矿本着矿产资源国有化的思想，在开采时不做好提前规划、乱采滥挖，致使采矿点高度集中，在极大破坏资源的同时，也影响了后续产业的接续。相关职能部门对其进行管理整顿时面临了两种尴尬的情形：第一，相关政策制度不健全；第二，对于有明文规定的，又长期存在以言代法、以权代法、以言代规章、以权代规章、以费代法等现象。这些都使得执法人员在执法过程中的执法力度大打折扣，严重破坏了执法环境，对经济的发展形成了极大的阻碍。

（二）经济结构方面存在的矛盾

1. 产业结构过于单一，对自然资源的依赖性很大

受传统的"靠山吃山、靠海吃海"思想影响，发展地区经济时对煤炭资源的过于依赖致使煤炭资源型城市在发展的过程中，要么盲目地追求煤炭的生产量，要么过分强调对矿山的开采等，很难做到两者兼顾，产业结构发展模式过于单一。在对煤炭产业的后续发展以及煤炭产品的深加工方面也存在着严重的不足。一方面，矿山企业在对矿山进行开采时，过分追求经济利润，忽略了周边粉尘、噪声等环境污染；另一方面，当地政府对这些煤炭资源型城市制定的长期发展规划无法将矿业发展和城市发展两者很好地融合在一起,更多时候都是对其实行分而治之的政策。这样一来,资源发展单一化,资源优势得不到很好的发挥,城市发展与资源利用难以融合、渗透,无法做到两者的和谐发展。

2. 城市经济结构层次不高,行业横向关联度较差,接续产业发展缓慢

这些煤炭资源型城市的煤炭企业产品种类少且产业发展结构单一,严重影响了地区经济的发展,经济效益受到很大的制约。同时,不合理的经济发展结构,使这些资源型城市并未凸显自己的优势特色,更多时候扮演了资源或原产品输出地的角色。再加上矿山一般不会处于经济较为繁华的市区,而地处郊区或交通不太便利的地段,通常情况下,这些煤矿企业的老板为了使其员工更好地开展工作,都会在矿山的生活区或周边兴建一些基本的配套设施,以保证其员工正常的生活需求。这样一来,矿区具备了相对较为健全的生产生活体系,在一定程度上形成了隔绝,与本地其他相关的煤炭产品深加工、废弃物综合利用等产业的横向联系受到了一定的阻碍,以至于这些煤炭企业与当地企业的融合度不高。

煤炭资源的有限性决定了煤炭产业的发展是有生命周期的:勘测期—开发期—发展期—成熟期—衰退期。面对煤炭产业发展的特殊性,那些煤炭资源量较为丰富的城市,如果不好好利用其资源优势延伸产业链,发展煤电、煤化工等相关产业,并将其发展成为自己的优势产业的话,这类资源型城市就无法获得长远的发展。那些资源相对较少甚至资源已经枯竭的煤炭资源型城市,由于尚未找到合适的接续产业,现在正处于发展和转型的两难境地。

(三)煤炭城市基础设施功能低下,城区规划不合理

在现有煤炭资源型城市中,有相当一部分是随着对煤炭资源的开发利用而逐渐建立起来的。最初在对某些煤矿进行开采利用时，只是简单地对资源的开发，并没有萌生将其发展成为煤炭城市的想法，后来随着开发的深入，开采规模越来越大，短时间内开发工作无法完成并且煤炭下游产业的发展势头良好等，于是建立了城市，建立的初衷只是单纯为了满足大量煤矿工人的生产生活的需要，以企业的发展模式为样板建立的。以企业发展为中心兴建的对应基础设施，跟城市设施的发展要求相差甚远。再加上之前在煤矿或煤炭企业发展初期，并没有考虑其后来的发展前景，尤其是没有预见这些大型煤矿的发展会带动新城的出现以及周边经济的发展，因此对其尚未进行科学的规划和合理的布局，致使很多煤炭企业、矿区和居住区分布凌乱、布局严重不合理，城区建设混乱，这些基础设施的兴建不但没有发挥好其最原始的服务功能，而且对城市长期的发展建设造成了很大的阻碍。

（四）社会矛盾凸显

很多煤炭资源型城市，煤炭产业在该区域的发展模式较为单一并且与当地融合性较差，围绕煤炭资源进行的下游产业发展缓慢，无论是企业经济发展还是当地经济发展都受到了严重阻碍，生产效益不好使企业效益降低，拖欠工人工资情况时有发生，同时也有些规模相对较小的煤炭企业，通过减少一些工作岗位或裁员的方式来缓解经济压力。这些工人很多都是青壮年，没受过系统的文化教育，除了出卖自己的力气没有一技之长。这些人如果得不到及时妥善的安置，将会是社会稳定的一大隐患，极大地影响社会的稳定、健康发展。

（五）体制方面存在的障碍

在煤炭资源型城市建立初期，由于各方面关系梳理得尚不清晰，所以在很长一段时间都实行政企合一的管理模式，即城市功能等同于煤炭企业的功能。也就是说，煤炭企业要同时兼顾煤炭产品的生产、产业的发展以及城区的管理职能。这无形中增大了企业的经济负担，城市功能也不断被弱化，严重影响了城区的规划建设。与此同时，受体制的影响，企业对国家上缴的利税并不会因为其经济负担的加重而减少，反而有时还会被提高，这样一来，企业投入产业发展和新产品研发的经费所剩无几，处境苦不堪言。从煤炭产业的长远发展来看，在管理体制和利益机制中存在的矛盾已经越发突出。在两者的双重驱使下，一方面，企业不顾周围环境盲目地追求经济效益；另一方面，当地政府过分强调政绩，其中上缴利税也是很重要的考核标准，再加上这些煤炭资源型城市具有产业发展单一的特性，使得政府只能向企业征税。高额企业税的上缴导致产业发展没有充足的经费作为强有力的发展支撑，在企业发展遇到瓶颈的同时城市的经济发展也受到严重阻碍，形成了一个恶性循环。

第三节　煤炭产业绿色化发展的必要性

联合国开发计划署（UNDP）早在 21 世纪初就曾针对我国发展的实际情况指出，"绿色化"发展是我国煤炭产业发展的必然趋势，只不过当时由于对绿色发展的理解较为狭隘，该发展理念未能落实。作为发展中的大国，我国在经济方面过分依赖对化石能源的消耗，增加了二氧化碳的排放量，对环境造成了极大的污染。国家"十二五"规划明确指出："我们要扎实推进资源节约和环境保护。积极应对气候变化。加强资源节约和管理，提高资源保障能力，环境保护力度，使单位国内生产总值能耗和二氧化碳排放分别降低 16% 和 17%，主要污染物排放总量减少 8%～10%，生态环境质量明显改善。"因此煤炭产业的绿色化发展不仅是我国应对全球气候变化的实际需要，也符合当前形势下我国经济发展的内在要求。

一 煤炭产业的绿色化发展是解决煤炭产业单一化发展的根本出路

我国煤炭储量丰富，但人均占有量还没有达到世界的平均水平，探明储量也不过刚刚达到世界人均水平而已。资源的相对不足以及当前产业发展"投入高、消耗大、污染严重、产出量小、效率低下"的粗放型开发利用模式，要求我国煤炭产业实施绿色化的发展模式。

二 煤炭产业的绿色化发展是应对气候变化等问题的有效途径

作为世界碳排放大国，我国在应对全球气候变化中面临着巨大的节能减排压力。如果我们不能妥善协调经济发展与节能减排、环境保护的关系并做好相关工作，这种粗放型的经济增长方式在给我们周围的环境带来严重污染的同时，会使我国的国际地位和国际形象也受到很大的影响，使得我国在国际社会行使权利和履行义务的过程中处于被动的地位。在这种形势条件下，由污染环境、全球性的气候问题带来的国家压力以及国家间的贸易争端等问题，决定了我国目前粗放的经济增长方式已不能适应当前实际发展的需要[70]。因此，煤炭产业实施绿色化的发展模式不仅可以有效应对气候变化问题，而且还可以解决由之引发的一系列政治、经济、社会等问题。

三 煤炭产业的绿色化发展是提高经济效益的重要举措

自改革开放30多年以来，随着我国经济结构的不断调整，煤炭企业的技术改造和管理能力也得以提升，与此同时，对资源的利用效率较之以前也有了较大幅度的增长。然而，我国煤炭产业的总体发展情况，与发达国家和国际平均水平相比，在企业成本以及经济效益等方面均存在着较大的差距。例如，对矿产资源的回收情况，美国、德国、俄罗斯、澳大利亚等发达国家基本上可以达到大约80%的资源回收率，也就是说每开采1吨煤大约只会消耗约1.2~1.3吨的资源，这一数据远远高于我国30%的回收率。

由此可见，煤炭资源较低的利用率已严重阻碍了我国煤炭行业的经济效益的提高及企业核心竞争力的增强。因此，煤炭产业实施绿色化发展可以有效地推动企业市场竞争力的提升以及产业整体经济发展效益的不断提高。

四 煤炭产业的绿色化发展是坚持以人为本，实现绿色化发展，构建和谐社会的本质要求

煤炭产业传统的开发利用方式，使得人们在开采的过程中，尤其是开采前不进行科学的规划，以获利为目的对矿山乱采滥挖，这些不规范的行为严重违背了自然发展规律，也由此引发了矿井坍塌、泥石流等灾难，生态环境在受到严重破坏的同时自然灾害也时有发生，给我们赖以生存的环境以及身心健康都带来了很多负面的影响，也直接制约了我国国民经济的发展和人民生活水平的进一步提高[71]。

我们要实现经济的快速发展以及和谐社会的健康必须坚持以人为本，以实现广大人民群众的生活质量和生活水平的不断提高。在当前发展形势之下，结合国家"十二五"规划提出的具体要求，我们在追求经济效益的同时，要兼顾对周围生态环境造成的影响，即在煤炭产业发展的过程中，一方面要在保持资源高效利用的前提下不断提高煤炭的综合利用能力；另一方面要坚持开展矿山复垦、矿山绿化等生态环境建设以及保护工作，争取早日走上科技含量高、经济效益好、资源消耗低、环境污染小，人与自然协调发展的新型工业化道路，真正实现促进经济发展和保护生态环境的双赢。

第四节　本章小结

我国煤炭资源总量丰富，但人均占有量以及消费量均低于世界平均水平，且煤炭资源的主要分布省份和主要消费区的分布也极其不协调，呈现高能耗、低利用、开发粗放的特征，严重污染了环境。基于经济发展形势和煤炭产业的发展现状，在绿色矿业新理念下实施煤炭产业的绿色化发展是针对当前煤炭产业发展的实际情况实现经济长远发展的必然选择。

第四章　发达国家煤炭产业发展及对我国的启示

第一节　美国煤炭产业发展

（一）美国煤炭资源分布及开发情况

美国煤炭资源丰富，储存条件优越，是世界上最主要的煤炭出口国之一。据美国能源信息署（EIA）统计，美国拥有已探明煤炭储量约4472亿吨，其中烟煤和无烟煤合计2443亿吨，次烟煤1636亿吨，褐煤393亿吨。美国煤炭资源分布较为普遍，50个州中31个州拥有煤炭资源，密西西比河以东地区占探明储量的45%，以西地区占55%。东部煤的质量优于西部，生产优质炼焦煤、动力煤和无烟煤；西部多产烟煤和褐煤。虽然美国的煤炭资源分布较广泛，但煤炭的开采较集中。美国前三大产煤州是怀俄明州（位于西部）、西弗吉尼亚州（位于东部）和肯塔基州（位于中部），分别占全国煤炭总产量的38.4%、13.1%和10.4%。

阿巴拉契亚煤田是美国最大的煤炭基地，它位于美国东部，分布在阿巴拉契亚高原地区的石炭纪地层内，北起宾夕法尼亚州中部和俄亥俄州中部，北部宽约300公里，向西南宽度逐步变窄一直延伸到亚拉巴马州的北部，南北长达1200公里，包括宾夕法尼亚州的西部、俄亥俄州的东部、西弗吉尼亚州、肯塔基州的东部、田纳西州的中部、亚拉巴马州的北部,以及弗吉尼亚州和马里兰州的西部边缘,共 8 个州。面积 18 万平方公里,探明储量达 1000 多亿吨,占全国探明储量的 1/4 多,其中优质炼焦煤占全国探明储量的 90%。阿巴拉契亚煤田不但质优,而且埋藏浅、煤层厚,99% 的煤层是水平或接近水平分布,平均厚度达 1.7 米,平均开采深度 70 米。

阿巴拉契亚煤田第二个集中开采区是西弗吉尼亚州和肯塔基州煤田,开采晚于宾夕法尼亚州。这里的煤主要供应中西部、芝加哥地区和东北大西洋沿岸地区。从大西洋沿岸出口的煤炭主要来自这里。阿巴拉契亚煤田南端的亚拉巴马煤田,位于伯明翰附近,年产煤 2000 多万吨,是伯明翰地区钢铁工业的燃料基地。阿巴拉契亚煤田的重要性不仅在于它储量丰、产量大,而且在于它位置优越[72]。它刚好位于美国经济最发达、人口密集的制造业带内,与工业区紧密结合,接近最大煤炭消费区,也是美国现代钢铁工业的摇篮。中部煤田位于美国内陆中部,探明储量约占全国的近 20%。

落基山煤田和北部大平原煤田是密西西比河以西最主要的煤田,位于落基山区和大平原的北部,储量丰富,探明储量占全国的 48%。西部煤田大部分为烟煤,突出特点是含硫量低、煤层厚、覆盖层薄,适于大规模露天开采。西部新建露天煤矿的吨煤投资仅为东部新矿井投资的 1/3。西部煤田开采近年来得到迅速发展。大平原北部煤田主要分布在北达科他州和蒙大拿州,煤质较差,主要是褐煤,年产煤 5000 多万吨。

(二)美国煤炭产业的发展特点

从美国的煤炭产业发展情况出发,我们可以从煤炭市场结构、煤炭市场行为等方面进行分析。

1. 市场结构：市场集中度高，基本形成"三超多强"的寡占型结构[73]

20世纪80年代后期，美国大型煤炭公司兼并联合，企业趋于大型化、集团化。大型煤炭公司的产量在全国总产量中的比重日益增加。2002年与1991年相比，美国最大的20个煤炭公司的产煤量占全国总产量的比重由56.7%提高到81.8%。2002年，前10位大型煤炭公司产量达680.582吨，占全国煤炭总产量的68.7%。前5位大型煤炭公司产量达514.564吨，占全国煤炭总产量的52%[74]。经过长期的兼并重组，形成了以皮博迪能源公司、阿齐煤炭公司、煤炭基金控股公司三家企业为代表的"三超多强"的寡占型市场结构。

2. 市场行为：市场调节的价格行为与并购行为

美国政府对国内煤炭的销售不实行统一定价，煤炭的交易价格由煤炭公司与消费者直接在供货合同中规定，在国际市场煤价波动的基础上，由供需双方共同商定。

美国的煤炭价格是完全建立在市场调节基础上的，长期的煤炭价格走势受市场因素的影响较大。进入20世纪80年代后，煤炭出矿价格以平均每年2.8%的速度递减，一直持续到90年代后期。2000年以来，全球煤炭价格持续上涨，直接拉动美国国内的煤炭价格[75-76]的上升。

同时，美国煤炭市场的并购行为也主要是由市场来主导的，通过市场运作，美国的大型煤炭公司通过兼并联合等并购行为，逐步使企业趋于大型化、集团化。正是这种市场运作造就了世界上最大的煤炭企业[77]。

（三）美国煤炭产业发展的模式

通过开放性的市场竞争，在美国煤炭产业发展的过程中，逐渐形成了一些规模巨大的煤炭企业，在集团发展的前提下，这些煤炭企业能够通过规模性的开发，布置合理有效的产业发展链条，延长煤炭资源的利用链条，减少煤炭开发利用过程中废弃物的产生量，同时最大限度地利用生产过程中产生的可利用资源，使整个煤炭产业在发展过程中不断减少固体废弃物的产生以及各种污染物的排放，使整个煤炭产业的发展趋于绿色环保[78-79]。

第二节　德国煤炭产业发展——以鲁尔区为例

德国鲁尔区是世界上最大的工业区之一，也是欧洲最大的工业区。鲁尔工业区早期发展主要是以煤炭钢铁产业为主，之所以取得巨大成功主要是基于以下几个因素：第一，鲁尔区拥有丰富的煤炭资源，主要是鲁尔煤田；第二，距离铁矿区较近，鲁尔区的铁矿石初期主要来源于法国东北部洛林铁矿区，后期来源于瑞典和俄罗斯；第三，鲁尔区拥有充沛的水源，莱茵河、利珀河、鲁尔河等水系为工业的发展提供大量水资源；第四，鲁尔区有多条运河和天然河流，形成航道交织的水运网，加上纵横交织的公路网络和输油、输气管道，共同组成了一个综合而又完整的运输系统。同时鲁尔区位于欧洲中部陆上交通的"十字路口"，为鲁尔区工业的发展提供了便利的交通条件。

鲁尔区的煤炭资源1804年开始现代化开采，生产量在1939年达历史最高的1.3亿吨。在第二次世界大战中，鲁尔区的煤炭生产受破坏严重，经10年的恢复，直到1956年生产量达到12463万吨[80]。二战后，由于欧洲重建和经济振兴，以煤炭、钢铁和能源工业为主的鲁尔区逐渐成为德国最重要的工业区，其钢铁和煤炭产量分别约占全国的70%和80%，经济总量约占德国GNP的1/3，成为德国"经济奇迹"的重要推动力量。然而，20世纪60年代开始的新一轮全球产业革命，使更为廉价的石油成为能源"新宠儿"，煤炭的能源地位下降，煤炭工业衰落。工业技术的发展解放了劳动力，钢铁生产逐步外迁，同时鲁尔区工业发展的生产结构单一，长期的煤炭开采和钢铁生产导致整个鲁尔区环境污染严重，在这些因素的共同作用下，以采煤、钢铁等为基础的工业结构遭到严重冲击，鲁尔区开始出现煤矿关闭、工人失业等一系列问题。

在陷入发展困境之后，鲁尔区逐步走上了转型的道路，这个转型是一个曲折而漫长的过程，大致分为3个阶段。第一阶段为20世纪60年代，采取的主要措施有[81]调整产业结构，利用财税政策对传统产业进行清理改造，投入大量资金改善当地的交通基础设施、兴建和扩建高校和科研机构，集中整治土地，为下一步发展奠定基础。第二阶段为20世纪70年代，这一阶段的重点是通过提供经济和技术方面的援助，逐步发展新兴产业，从而掌握结构调整的主动权。第三阶段为20世纪80年代至今，德国联邦和各级地方政府充分发挥鲁尔区内不同地区的区域优势，形成各具特色的优势产业，实现产业结构的多样化。

鲁尔区的煤炭产业在发展和转型中，采取了多种政策和措施，保证煤炭产业的发展逐步转变为低排放、低污染的发展模式，进而实现煤炭产业的绿色化发展。

第一，鲁尔区的转型发展需要整体规划，同时通过立法保障规划执行，从而使转型高质、高效。鲁尔区的转型改造是在各项规划的总体指导下进行的。鲁尔区先后颁布了"鲁尔发展纲要""鲁尔行动计划""矿冶地区未来动议"等规划，对煤炭矿区改造、产业发展、土地利用、城镇布局、环境保护等都进行了明确和详尽的安排。德国政府通过扩大专门机构的权力来主导鲁尔区的改造。鲁尔煤管区开发协会（KVR）是鲁尔区最高规划机构。该协会主要负责协调市、县各项建设事业，主导各项规划的实施。它不仅是德国独有的机构，而且在世界上也是独一无二的[82]。鲁尔区煤炭产业的转型发展也正是在这样的整体规划下，通过各项措施的实施逐步完成的。

第二，加强合作，特别是城市之间的合作。通过各城市间的相互协作，共同治理污染。同时合理调配产业发展布局。此外，鲁尔区在整体发展转型过程中，在挖掘每个城市资源及区位优劣的基础上，进行合理的产业发展布局，通过城市间的合作有效地保障煤炭资源利用产业链的区域接续性。

第三，逐步清理煤炭开发产业，加强基础设施建设。1968年，德国北威州政府出台了第一个产业结构调整方案《鲁尔发展纲要》。该计划重点措施是将采煤业集中到赢利多和机械化水平高的大矿井，以调整产品结构、提高产品技术含量等措施来拯救老企业，同时通过一系列的优惠政策扶持并改造煤钢业。虽然成本过高，且煤炭产业逐渐缺乏竞争力和生存能力，但基于自身能源安全的战略需求，为了减少失业压力、维护社会稳定，德国政府并没有放弃这些煤炭企业，采取了一系列的优惠政策，主要包括：①价格补贴，这是煤炭政策的核心部分，1996~1998年，联邦政府给予主营煤炭业的鲁尔集团的补贴分别为104亿马克、97亿马克和85亿马克；②税收优惠，对煤炭公司所得税予以退还、豁免或扣除，并允许煤炭企业加速折旧，促进生产合理化；③投资补贴，对煤矿生产合理化、提高劳动生产率和安排转岗人员等提供多种补助；④政府收购，为保障煤炭供应，政府收购一定数量的煤炭作为储备，此外，政府还提供贷款，建立"国家煤炭储备"，支持煤炭工业的生产和销售；⑤矿工补贴，主要是退休金补贴；⑥限制进口；⑦环保资助，为矿区环境治理提供资助，一般由州政府负担1/3，联邦政府负担2/3；⑧研究与发展补助。在政府的大力扶持下，煤炭行业一方面千方百计地进行生产，研发居于世界领先水平的煤炭生产技术和设备，保持技术和设备输出的优势，另一方面积极开拓国际市场。

鲁尔区最初的发展是以破坏环境为代价的。在产业结构转型中，严重污染的环境成为鲁尔区转型发展的巨大障碍。为此政府采取了四大措施来修补和保护环境。一是清理废弃矿坑，处理地表有害物质，大规模植树造林；二是建立完善的供水系统和污水处理系统；三是促使各个工厂建立废气净化装置；四是大力加强基础设施建设，特别是交通方面，重点建设水陆联运网络，提高交通运输设备的现代化水平。此外，各级政府还积极兴建和扩建高校和科研机构，为煤炭产业的转型发展提供坚实的人才基础。

第四，重视煤炭生产及就地加工，延长产业链，促进经济综合发展。鲁尔区煤炭资源的开发利用具有悠久的历史，在进行煤炭产业发展的过程中，鲁尔区非常注重对煤炭的就地加工，在此基础上，逐渐形成与电力、钢铁、煤化工、建材等产业的联合生产，并建设强大的机械和军事工业。此外鲁尔区在转型的过程中还非常重视轻工业和农业的发展。鲁尔区的煤化工产业主要有：用煤焦油提取蒽和苯，用于生产药品和染料；在焦油中制酚，制造塑料；裂解焦炉气得到氢和氮，再在高压下生产合成氨；煤炭液化制汽油；以煤高压合成催化制造人造橡胶、化学纤维等。总之，鲁尔区以煤炭资源为基础，将煤炭作为原料积极发展化工，延长煤炭产业开发利用的产业链。

同时，鲁尔区还积极利用煤炭资源发展煤电产业。煤电生产起初主要在鲁尔硬煤区，后来逐渐转移到莱茵褐煤区。鲁尔区利用拥有煤炭资源的优势，建立坑口电站，对煤炭资源的利用形式进行转换，使煤炭的能量利用形式趋于绿色化。坑口电站产生的电力资源一方面能够反馈给煤炭开发企业，保障煤炭开发企业的电力使用，另一方面还能够为地区内其他类型企业提供电力保障。此外，鲁尔区还大力发展机械制造业，特别是重型机械制造，以及军工产业，这些产业的发展都是以煤炭资源的开发利用作为基础的。鲁尔区通过多种产业的共同协调发展，实现了煤炭利用产业链的有效延伸，同时还保证了产业发展的多样性，避免了单一产业发展带来的一系列问题。

第五，注重科研机构和高等教育机构的发展，为产业转型提供智力支持。鲁尔区已逐渐发展成为欧洲大学密度最大的工业区。同时政府鼓励大学和企业实现协同创新，发挥群体效应，建立从技术到市场的应用体系，并对合作开发的项目予以资金补助。这些科研机构和大学的融入，为煤炭产业的发展提供了强有力的智力支撑。

第三节　日本煤炭产业发展

日本作为一个岛屿国家，各种资源都比较匮乏，煤炭资源也是如此，但作为一个现代化工业强国，国民经济的高速发展需要大量能源支持。在这样的情况下，日本大量从国外进口各种矿物资源，其中煤炭的进口量仅次于石油，国内煤炭需求量基本都从国外进口，为世界煤炭进口第一大国。

日本各产业的煤炭用途主要有动力煤使用、炼焦煤使用、无烟煤使用三个方面，具体用途如图4-1所示。

基于国内煤炭的开发利用情况和需求情况，日本制定了一系列的产业政策来保证国内的煤炭需求和产业发展需要[83]。第一，加强本国煤炭中心机构的建设和完善以保证日本今后对煤炭的需求。第二，加强对海外煤炭开发事业的援助，通过政府间贷款以及无偿援助等方式，帮助煤炭供应国开发煤炭，确保日本能源的稳定供应以及能源产业的健康发展。第三，加强对国内煤矿的生产补贴和针对海外煤炭资

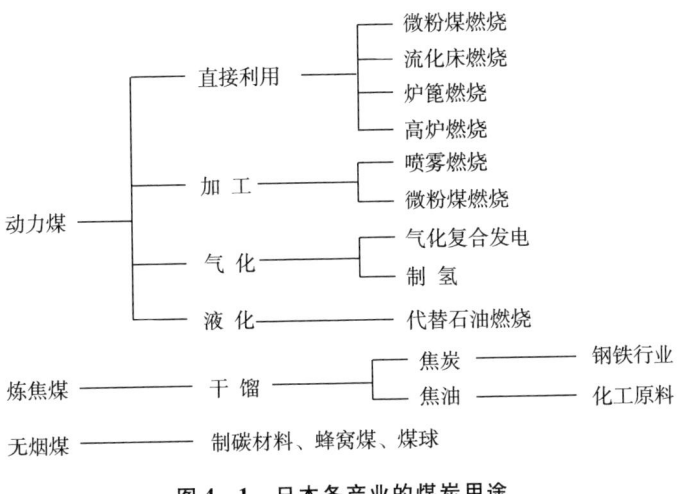

```
                            ┌── 微粉煤燃烧
                ┌── 直接利用 ├── 流化床燃烧
                │            ├── 炉箅燃烧
                │            └── 高炉燃烧
                │
                ├── 加  工   ┌── 喷雾燃烧
    动力煤 ─────┤            └── 微粉煤燃烧
                │
                ├── 气  化   ┌── 气化复合发电
                │            └── 制  氢
                │
                └── 液  化 ───── 代替石油燃烧

    炼焦煤 ──── 干  馏   ┌── 焦炭 ───── 钢铁行业
                         └── 焦油 ───── 化工原料

    无烟煤 ───────────── 制碳材料、蜂窝煤、煤球
```

图 4-1 日本各产业的煤炭用途

源的调查工作，并建立多个海外煤炭供应基地，以保证国内的煤炭供应。第四，积极进行煤炭利用技术和转化技术的研究和突破，以提高煤炭燃烧效率和确保清洁利用。第五，出于环境保护和提高煤炭燃烧性能等原因，日本对国内使用煤炭的发热量、灰分、挥发分、水分、固定碳和含杂率等有严格约定，对煤炭的含氮量和含硫量要求更为严格，其目的是通过减少高灰、高硫煤的燃烧降低硫氧化合物、氮氧化合物和二氧化碳的排放量，从而保护人类赖以生存的地球环境[84]。

第四节 俄罗斯煤炭产业发展

俄罗斯作为世界主要产煤国之一，拥有世界已探明煤炭储量的1/5。俄罗斯国家统计局的数据显示，俄罗斯现有煤炭企业的工业储量约190亿吨，其中焦煤约40亿吨。按照俄罗斯目前的开采能力，已探明煤炭资源储量最少可供开采500年。俄罗斯煤炭资源分布极不平衡，3/4以上分布在俄罗斯的亚洲部分，欧洲部分储量约1/2在俄罗斯中部，即库兹涅茨克煤田，其余的储量在克拉斯诺亚尔斯克边区、罗斯托夫州和伊尔库茨克州等地。俄罗斯煤炭品种比较齐全，有褐煤、烟煤（包括长焰煤、气煤、肥煤、焦煤、瘦煤）和无烟煤等。目前正在开采的有四大煤田，即别秋林煤田、顿涅茨克煤田、库兹涅茨克煤田和勘斯卡-阿琴斯克煤田，其中库兹涅茨克煤田的煤炭产量最大，2008年达1.845亿吨，占全俄的56.1%。

从20世纪90年代开始，为了简化煤炭开采和扩大再生产创造条件，俄罗斯的煤炭产业进行了全面调整，主要包括两个方面：一是上层管理体系的调整；二是生产企业的调整[85]。通过一系列调整后，俄罗斯的煤炭系统逐渐进入了赢利阶段。同时俄罗斯的煤炭产业逐步向集团化、大型化方向发展。俄罗斯在私有化基础上组建了大型跨行业、市场化、跨地区的企业集团，如煤电联营、煤钢联营企业集团。最大型的为西伯利亚煤炭能源集团、欧洲露天矿和"北方钢铁"三大集团。其发展思路是延伸产业链、促进规模效益和技术进步。

第五节　澳大利亚煤炭产业发展

（一）澳大利亚煤炭资源概况及煤炭生产、出口情况

澳大利亚煤炭产量和出口量均居世界前列，其黑煤地质储量约575亿吨（工业经济储量397亿吨），占世界的5%，列世界第六位，且煤质较好。煤炭在澳大利亚各州均有分布，但95%以上集中于新南威尔士州（以下简称新州）和昆士兰州（以下简称昆州）。新州煤炭占澳大利亚已探明工业经济储量的34.2%。昆州的黑煤以露天矿藏为主，已探明工业经济储量占全澳大利亚的62%。

澳大利亚的褐煤资源更为丰富，已探明地质储量为418亿吨（工业经济储量为376万吨），占全球褐煤储量的20%，列德国（23%）之后居世界第二位。按目前的开采速度，澳褐煤矿藏可供开采近

500年。

煤炭生产是澳大利亚最重要的工业之一,年产黑煤约3.5亿吨、商品煤3亿吨。澳大利亚黑煤产量占世界总产量的7%,列中国、印度和南非之后。新州和昆州的黑煤产量占全国的96%以上和出口量的100%。新州60%左右的煤矿为井下开采,其余40%为露天开采。昆州煤矿露天开采的比例则高达75%。从澳大利亚全国范围来看,露天开采的煤矿约占60%。

自1984年以来,澳大利亚一直是世界最大的煤炭出口国,年出口煤炭逾2亿吨,价值近200亿澳元,占澳大利亚出口总额的10%以上,主要销往日本和其他亚洲经济体等,其中焦炭、动力煤等黑煤的出口约占澳矿产和能源出口的1/4,昆州和新州是出口煤炭生产基地。

(二)澳大利亚煤炭产业发展的一些措施[86]

第一,政府部门为煤炭产业的发展提供规范和保障。通过制定一定的产业发展政策,为煤炭产业的发展提供政策性保障;通过制定和完善有关法律、法规来规范企业行为,使企业规范化发展;通过加强交通设施建设,为企业发展创造良好条件;通过收集国内外信息,为企业提供市场导向的信息咨询服务并对国外贸易活动提供指导和协助。

第二,煤炭企业要沿着集团化和规模经济的方向发展。目前在澳大利亚从事煤炭行业开发的公司主要有必和必拓三菱联盟公司、格洛斯特煤炭有限公司、澳大利亚煤炭有限公司、斯特拉塔煤炭投资澳大利亚有限公司,这些公司都是规模大、实力强的大企业,在国际市场上也具有很强的竞争能力。在规模化发展的基础上,这些公司都取得了规模效益。同时,规模性集团企业的发展也有利于绿色技术的推广和应用。

第三,煤炭企业走多产业开发、多种经营和综合发展的发展道路。目前,澳大利亚从事煤炭产业开发的公司在进行传统的煤炭资源开发的基础上,大多从事跨地区、跨行业、跨产业或跨国经营。例如,很多企业都采取煤电联合生产经营的发展方式,提高企业增值能力和市场竞争能力。

第六节　发达国家煤炭产业发展对我国的启示

对其他国家煤炭产业发展过程的分析,可以为我国煤炭产业在绿色矿业新理念指导下的发展带来以下启示[87]。

第一,国家要为煤炭产业的发展提供一系列的规范和保障。一方面是指国家要为煤炭资源的开发提供技术性规范、环保规范等规范性措施,从而指导和规范各个煤炭企业的开发行为,为煤炭资源的绿色化开发提供可能;另一方面是指国家要从政策措施、法律法规、基础设施等方面为煤炭产业的发展提供各种保障,主要指国家要制定保障煤炭资源绿色化开发的宏观调控、税收财政等一系列措施,推动绿色化进程,国家还要积极制定符合目前实际情况的法律法规,在规范煤炭企业资源开发行为的基础上,为企业的绿色化生产提供法律保障。同时,国家及地方政府还要加大基础设施建设,为煤炭资源的绿色化开发和使用提供基础保障。

第二,煤炭企业要走集团化规模发展的道路。通过对美国、俄罗斯、澳大利亚等国煤炭产业发展情况的分析,我们可以看出,这些国家煤炭企业大多是集团化的大型企业。集团化的大型企业不仅能为煤炭资源的绿色化开发提供资金支持,而且能有效延伸煤炭资源开发利用的产业链,保证煤炭资源得到最大化的利用。除此之外,集团化企业还往往涉足其他产业和领域的发展，形成规模经济，可以有效降低单一化发展的风险，同时还可以有效抵御来自于外部的不利因素。

第三，注重人才的培养。煤炭产业的发展和转型都会涉及大量人才的使用，通过建立一定数量的科研机构和高等教育机构，能够为煤炭产业的发展提供有效的人才保障，同时还能有效保证新技术、新工艺的研发。煤炭产业的发展涉及国民经济的很多方面，有效掌握产业发展脉搏，进行科学调配和资金运作，保障整个产业的健康发展，这些都需要大量人力资源，因此，在我国煤炭资源绿色化开发的过程中，要注重人才的培养，加大企业、科研机构和高等院校的联系，有效发挥科技优势，进而推动整个产业的发展。

第七节 本章小结

煤炭产业的发展涉及环境问题、经济问题，更与发展问题有着千丝万缕的联系。目前许多发达国家为解决煤炭产业发展过程中遇到的各式各样的问题已展开积极探索。本章选取了美、德、日、俄、澳五个比较有代表性的国家，分别从他们的基本国情及经济发展的实际情况出发，介绍了其如何利用本国优势、扬长避短，成功走出了具有本国特色、适应国内经济发展及社会长远发展的煤炭产业发展之路。这些对于探索与明确我国煤炭产业的总体发展目标、战略取向、实施路径等都具有十分宝贵的启示和借鉴意义。

第五章 基于绿色矿业理念的煤炭产业发展模式构建

第一节 绿色矿业相关概念辨析

人类社会发展的过程，是一个逐渐认识自然、了解自然，进而与自然环境和谐发展的过程，在这样的过程中产生了关于"绿色"事物的一些定义和概念，如绿色产品、绿色文化、绿色经济、绿色农业、绿色海洋、绿色营销等，这些概念的核心在于"绿色"的含义，即人类利用自然资源实现发展的过程中，既要做到对自然资源最优化循环利用，又要做到对自然环境最小化的影响[88-89]。

自20世纪60年代以来，人们在目睹了肆意开发、乱采滥挖等行为导致的种种危机之后，对我们赖以生存的环境也有了更加清醒的认识：人类社会一定要与自然环境和谐发展，当代人绝对不能以牺牲后代人的发展能力为代价来取得当下的发展。煤炭的开发致使大量的地表生态遭到破坏，再加上各种生产加工业的废水、废渣等废弃物的任意排放，严重影响了周围的环境质量和空气指数，在我国煤炭生产区的生态环境受到严重侵害的同时，我国资源型城市的建立以及未来经济的发展也受到了严重的威胁[90]。目前，良好和谐的生态环境已成为世界各国吸引外资的首要因素。结合我们国家的实际发展状况，资源型城市的可持续发展必须要依托资源特色，而非依赖资源优势，要想保持其平稳、高效的可持续发展，必须要确立绿色矿业理念，加强对生态环境的保护[91]。

一　绿色矿业的概念

从"绿色矿业"发展理念提出的背景考虑，我国学者对绿色矿业的概念有以下认识。

前国土部副部长寿嘉华认为"绿色矿业"是指在矿山环境扰动量小于区域环境容量前提下，实现矿产资源开发最优化和生态环境影响最小化[92]。绿色矿业的实现要经过三个环节：第一，开发前建立环境评价指标体系和技术标准，制定绿色矿业规划；第二，通过技术创新，实现整个工艺流程的少污染；第三，通过矿山环境治理和生态修复，实现开发前后环境扰动最小化和生态再造最优化。

史登峰、余振国认为绿色矿业是在科学规划和新技术指导下，既保护生态环境又最大限度获得经济效益的矿产资源理性开发的系统工程，其实质是要兼顾效率和公平[93]，在矿业开发过程中，既有效地利用自然资源，又尽力减轻矿业开发对生态环境的负面影响，协调矿业开发者与其他社会群体的利益，调节人类社会与自然环境的关系，等等。

综上所述，我们可以总结出，所谓绿色矿业就是环保型矿业，是将社会因素、生态因素以及经济因素融入矿产资源开发利用的整个过程并对三者进行综合考量，充分体现环保、关注可持续发展的矿业发展新模式，同时也是在当前形势下解决保障发展与保护资源环境问题的必然选择。实现煤炭产业的绿色化开采是它的核心内容之一，其基本出发点是：从开采环节入手，最大限度地减少或杜绝煤炭开采造成的周围资源和环境的破坏和污染，以获得社会效益和经济利益的最优化。绿色矿业战略的主要任务是采用健康科学的方法来对国家的城市建设进行整体规划、合理布局，以期实现国家整体形象的美观和整洁。第一，继续加大对环境污染的治理力度和资金投入，进一步加强对国家地质灾害的防治工作，对侵害土地、水资源以及大气的工业三废要给予及时地治理；第二，在全国范围内着力推行清洁生产技术，不断加强城市清洁卫生、生态工业园区建设、园林绿化工程管理等，力争塑造环境优美、经济繁荣、城乡共建，人与自然和谐发展的良好的国家形象。

二 绿色矿业的内涵

（一）将"开发与环保并重"的理念放在首位

做好矿区所在城市、省份的环境保护工作，将环境这一重要因素列入生产力发展要素。在发展战略上强调人类、资源、环境、社会与经济的统一协调发展，坚决抛弃原有的以牺牲子孙后代生存环境为代价取得眼前经济利益的行为，严格遵照人与自然和谐健康的发展要求规范对矿山进行的一切开发、生产、经营等行为[94-95]。

（二）要有切实可行的保障措施

（1）煤炭的生产企业必须在煤炭的洗选加工环节加大管理力度。根据目前我国倡导的可持续发展的要求，24%的原煤入洗率远远不能满足发展需要，因此煤炭的入选率只有在不断改善煤炭洗选工艺流程的基础上才能逐步得以提高。一般情况下，一个人洗1吨煤，大概可以去除50%~70%的天然硫以及大约不到0.2吨的煤矸石，同时平均每个人还可以获得20元的盈利。通过不断提升煤炭的洗选技术、提高煤炭洗选水平，在环境得到有效保护的同时获取一定的经济效益。

（2）提高煤炭开采废弃物的综合利用率。对在煤炭开采以及煤炭转化过程中出现的废渣、煤层气、煤矸石等废弃物，可以根据其不同的特性采用生产化工产品、水泥、发电、铺路、供热等方式进行二次利用，不仅在一定程度上控制对环境的污染，而且减少对废弃物的浪费。

（3）加大对工业"三废"的治理力度。根据国家职能部门的相关政策法规，对现有的小煤矿或相关企业中那些达不到开采标准、布局不合理、生产技术不达标以及对周边环境污染严重的企业绝不姑息，采取关停或取缔等方式给予严格治理，从根本上消除"三废"制造源，真正地做到对环境的综合治理。

（4）大力推广洁净煤技术以减少对环境的污染。洁净煤技术的实施使资源环境在得到有效保护的同时，更好地推动了经济社会的可持续发展。通过发展集中煤气化、推行先进的烟气净化技术、加大对资源矿井水的治理、使用先进的燃烧技术、建立燃煤热电厂、大力发展煤电等方式，大力推行洁净煤技术的商业化发展。

三　绿色矿业的特征

第一，对矿山实行科学有序的开采和开发，始终坚持"矿产资源的开发与环境保护同步"的方针，本着"既造福当代，又惠及千秋"的原则，在整个过程中，真正做到了合理布局、科学规划、开发有序。

第二，在稳步实现法制化管理的基础上依托科技优势，不断改善煤炭的开采工艺、提高煤炭的开发水平，坚持对工业三废实行综合治理，极大地提高了废弃物的利用效率。

第三，坚持"谁采掘、谁复垦""谁治理、谁受益"的原则，无论是在煤炭上游相关产业建立的过程中，还是在煤炭产业下游的煤产品生产、制造的过程中，始终走绿色化的发展道路，大力扶持矿区所在地区"非矿"等接续产业的发展。

第四，在精神文明和物质文明、经济效益的提高和社会的可持续发展等方面，坚持做到两手都要抓、两手都要硬的发展思路，使其互相促进、共同发展，有效推动了矿区所在城市的清洁卫生，加强了国家的整体形象建设，无论是矿区居民生活水平还是其文化素养都得到了切实的提高。

四 推行绿色矿业发展理念的基础

绿色矿业的实现是建立在对周围环境进行科学规划的基础上的，其核心是持续创新的技术。目前的科技积累已为"绿色矿业"的实现奠定了如下基础。第一，近年来，环境承载力及评价理论与实践取得了实质性的进展。已在一些国家展开区域环境评价并在实践中得到了检验，通过矿床地质环境模型研制进行矿山环境扰动评估的技术已趋于成熟。第二，科技进步使得工艺流程中的少污染成为可能。第三，国内外成功进行矿山环境污染治理和生态修复的实例等都为其理念的推行奠定了坚实的基础[96]。

第二节 基于绿色矿业理念的煤炭产业发展模式的建立

一 基于绿色矿业理念的煤炭产业发展的总体目标与实施路径

（一）总体目标

面对当前国际经济形势与国内经济发展的实际状况，绿色矿业理念下煤炭产业发展的总体目标为：构建以市场运行为基础，以科技创新为条件，以人才队伍建设为支撑，以资本运作为平台的新型的煤炭产业发展模式，即通过调整产业结构，加强对资源与环境的管理，逐步建立起一个经济效益、社会效益、环境效益三者协调发展的且具有较强发展潜力和市场自我调节能力的新型的煤炭产业运行体系。

第一，在煤炭的开发利用上实现资源的市场调控。

作为我国重要的传统产业，在过去的几十年里，煤炭产业的发展一直受国家计划经济体制的严重制约，对煤炭的开发不是按实际需求量进行，而是按国家计划进行的。随着经济的不断向前发展，煤炭产业越来越凸显诸多不适应市场经济运行的环节。在这种情况下，为了避免造成大量资源的浪费，必须改变以往传统的国家导向型的煤炭产业发展模式，而实行市场导向型的产业发展新模式，根据市场的实际需求"量体裁衣"来决定诸如煤炭的开发种类、煤炭相关产品的质量等供给情况，进而一方面可以保证对煤炭资源的高效利用，另一方面从一定程度上促进煤炭企业间形成良性竞争，有利于推动煤炭企业生产样式多、质量高的煤炭产品，来满足市场日益增长的需求[97]。

第二，在经济增长方式上实现集约化发展。

煤炭产业多年来受计划经济体制的制约，一直沿袭着粗放型的发展方式。然而经过近些年的发展以及市场自我调节能力的不断增强，煤炭产业现阶段已经拥有了一定的资产存量，具备了实施集约化发展的条件。之前粗放式的发展模式不仅对资源造成了很大的浪费，而且对我们赖以生存的环境也造成了严重的污染。鉴于以上两个原因，我们必须改变过去盲目追求产品数量的发展方式，实行煤炭产业的集约化发展。

第三，在技术管理方式上实现绿色化发展。

人类对矿山的乱采滥挖以及对煤炭资源的过度开发，在造成资源大量浪费的同时也污染了我们的环境，严重破坏了资源与环境的代际平等。因此实施煤炭产业的绿色化发展，必须在技术方面建立煤炭资源综合利用、节能环保、循环发展的新模式；在管理方面建立完善的政策保障体系、规范的资金运行机制以及完备的绿色化人才队伍。除此之外，还要建立完善的包括标准技术体系和管理制度在内的绿色矿山模式，并研究形成与之配套的实现矿山绿色化建设的激励政策，以保证资源与环境两者的和谐发展。

第四，实现管理创新与科技创新二者的有机融合。

现代化技术设备在煤炭产业领域的不断更新，极大地推动了经济发展水平的稳步提高，其中科学技术扮演了举足轻重的角色。随着科技的飞速发展和科技贡献率的日益提高，原有的管理模式已经远不能适应现有产业发展的需要，这在一定程度上加速了煤炭产业管理制度的革新。为了更好地实现整体目标，必须通过科技创新、规模化经营等方式来不断提高煤炭资源的利用效率并减少对周边环境的污染，同时形成以市场为主导的，具有自我调节能力的经济运行体系、功能完备的宏观调控管理体系以及相关配套的评价体系。

(二) 实施路径

煤炭产业作为我国的高能耗行业，其能耗是我国能源消耗的重要组成部分（见图 5-1），我国在 2010 年的煤炭消费总量约为 32.5 亿吨标准煤，大约占当年全国能源消费总量的 70.5%（见图 5-2）。同年，我国的一次能源生产总量达到了 29.9 亿吨标准煤（见图 5-3），同比有所增长。作为在世界排位第二的能源消耗大国，我国一度在世界排污地区排行榜中名列前茅。根据国家"十二五"规划的要求，结合绿色矿业的实际需要，我们应从构建技术支持体系、资本运行体系、绿色化人才培养机制以及调整市场促进机制等几个方面着手来推动煤炭产业绿色化理念的顺利实现。

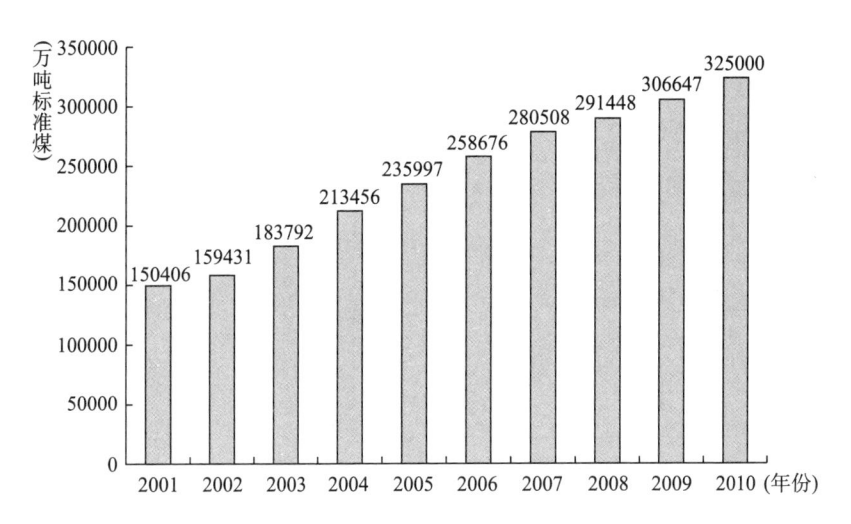

图 5-1 2001~2010 年中国一次能源的消费总量

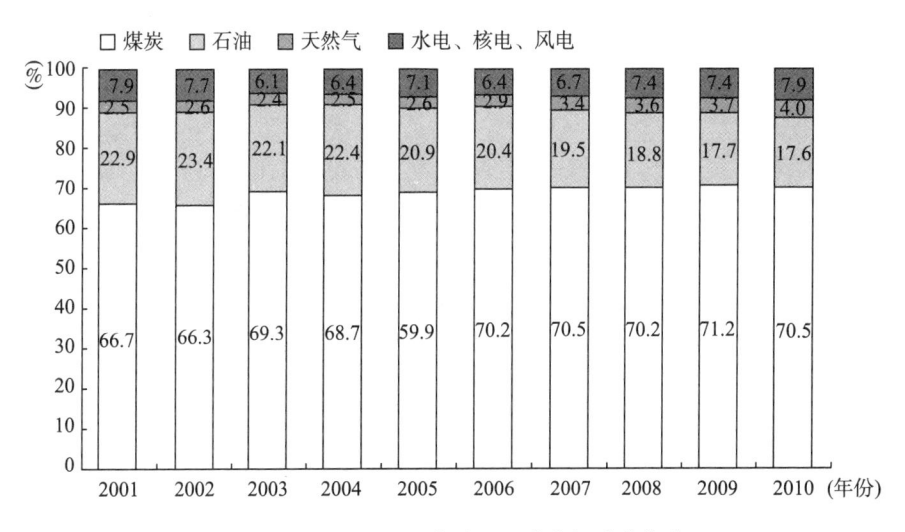

图 5-2 2001~2010 年中国一次能源消费构成

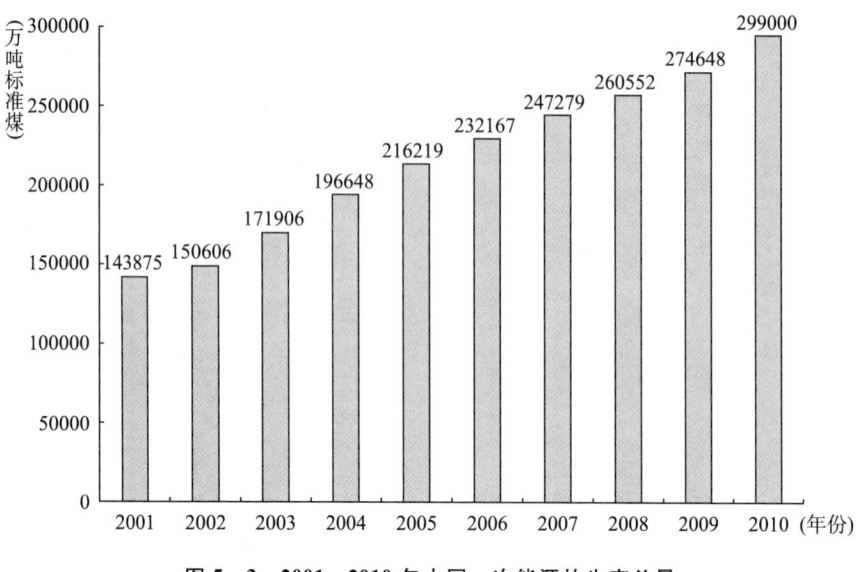

图 5-3　2001~2010 年中国一次能源的生产总量

二　煤炭产业绿色化发展的技术支持体系

（一）煤炭生产及产业发展全过程的技术梳理

当前，基于煤炭及共伴生资源的合理利用、生态环境的有效保护、相关产业与社会的和谐可持续发展的目标，在煤炭产业发展过程中技术的应用得到了很大发展。在综合开发利用方面，尤其是在新勘查区引入了矿产（煤炭）资源综合勘查评价新技术、数字矿山技术[98]以及以综采、综掘为代表的新技术，无煤柱、充填式等开采技术，构建了资源综合利用的新体系。在生产流程方面，采用了节能减排机制，在引进高效的机电设备，引入高效燃烧和发电、二氧化碳的捕获与封存（CCS）、绿色照明等新技术的同时还实施了碳补偿计划，建立了节能环保型的新体系。在废弃物的利用方面，遵照减量化、再利用、再循环的原则，利用煤矸石发电、生产矸石水泥和耐火保温材料，采用生产粉煤灰烧结砖、泡沫玻璃以及对矿井水的净化处理等方式对煤矸石粉煤灰和矿井水进行了重点治理，并建立了相应的资源循环新体系。

这些技术的应用都从不同程度上提高了煤炭产业的生产效率，提高了煤炭产业的集约化水平，对煤炭产业的绿色化发展起到了巨大的推动作用。与此同时，从经济激励的角度构建煤炭产业的技术创新机制也是十分重要的。

(二) 基于绿色矿业理念的煤炭产业技术扩散机制

技术扩散机制是指技术创新成果的推广、辐射以及产业化制度和机理。有效的技术扩散机制能够保证煤炭开发新技术的推广应用，是推动我国煤炭产业绿色化发展的重要保证。在进行煤炭产业开发的过程中，我们一方面要积极研究煤炭资源绿色化开发的各项新技术，同时在不断开发新技术的基础上，还要通过有效的方式使这些新技术得到推广应用，这需要我们建立切实有效的技术扩散机制，保证新技术能够有效扩散和使用。我们这里所讲的技术扩散机制，主要包括技术扩散的动力机制和技术扩散的激励机制[99]。

1. 煤炭产业新技术扩散的动力机制

新技术扩散的动力不仅决定新技术推广的实现，而且决定技术扩散的方向和规模。我们通常把扩散动力分为内部动力和外部动力两个方面，其中内部动力来源于扩散主体利益最大化的追求，新技术的主要研究者、推广者希望通过新技术的推广应用为自己带来足够的利益，同时采用者希望使用新技术能够为自己带来更大的利益。外部动力来源于外界为新技术的推广扩散提供的驱动力，包括市场环境动力、政府政策环境动力、中介环境动力等方面，市场环境动力可以理解为在市场大环境下，新技术的推广扩散是否存在市场需求，以及市场竞争程度大小等因素，政府环境动力指政府是否能够为新技术的推广扩散提供财政政策、税收政策等利好条件等，中介环境动力可以理解为新技术的推广扩散所面临的扩散方式及扩散路径等。

对于绿色矿业理念下煤炭产业新技术扩散的动力问题，我们可以将其理解为是否能够为煤炭综合开发利用、节能减排、煤炭资源"三废"再利用等方面新技术的推广扩散带来内部动力和外部动力的问题，它不仅包括社会大环境下，整个社会基于对绿色矿业理念的认识，认为煤炭资源开发各项新技术的推广应用是必须进行的，从而积极推进这些新技术的扩散应用，形成有效的社会驱动力，而且包括政府需要为新技术的推广扩散提供政策驱动，从而形成有效的市场驱动力和中介环境驱动力，使新技术的研究者、推广者、应用者在认识巨大潜在利益的前提下，积极地研究开发各项绿色新技术，并积极推广和采用这些新技术。

2. 煤炭产业新技术扩散的激励机制

新技术扩散的激励机制主要是指如何通过有效的激励手段来提高新技术的扩散速度及扩散质量，我们可以将新技术扩散的激励机制分为政府激励机制和金融机构激励机制两个方面。新技术扩散的政府激励机制可以分为政府行为的政策激励和市场激励。政府行为的政策激励是指政府运用一系列的创新政策组合来实现激励；政府行为的市场激励本质在于形成一种激烈的公平的市场竞争环境，从而给企业带来新技术研究及推广应用的外部压力，使企业需要通过不断的创新来保持强大的竞争力和生命力。新技术扩散的金融激励问题主要是如何通过合理的资本注入来保证企业采用的新技术恰当地实现其市场价值并能合理地进行收益分配的问题。

对于绿色矿业理念下煤炭产业新技术扩散的动力问题，我们可以将其理解为是否能够有效实现煤炭综合开发利用、节能减排、煤炭资源"三废"再利用等方面新技术的推广扩散范围扩大、速度提高以及应用质量改善的问题[100]。在有效形成煤炭产业新技术扩散的动力机制的前提下,还要通过各种激励手段去保证那些煤炭资源开发的新技术能够以一定的速度大范围推广应用,同时在推广应用的过程中,还能够有效保证这些新技术的质量。

3. 完善煤炭产业新技术扩散机制的建议

(1) 要继续加强绿色矿业理念的贯彻。绿色矿业理念的开发贯穿煤炭资源开发的整个过程,对煤炭资源开发利用新技术的研究具有重要的指导意义。基于目前整个社会的认识基础,需要社会的各个方面积极加强绿色矿业理念的贯彻,使社会各个层次的成员都充分认识绿色矿业开发的重要性和必要性,从而投入煤炭资源开发新技术的研究开发中,更有驱动性地进行新技术的推广应用。

(2) 政府要为新技术的扩散营造利好环境。这包括政府政策环境动力和政府激励两个方面。一方面,政府要有效加大对煤炭资源开发绿色技术的政策支持,通过财政政策、税收政策、法律政策的完善实施为煤炭资源开发绿色新技术的研究开发提供有效驱动力;另一方面,政府要建立一系列的激励政策,鼓励更多人投入新技术的研究开发中,对这些积极进行新技术研究开发的组织和个人进行各种形式的扶持和奖励,同时加大新技术研究开发人才的培养力度,为新技术的研究开发提供有效的人才支撑,通过综合的激励手段推动新技术的推广扩散。

(3) 建立完善市场机制,主要是培育公平有序的市场环境和建立完善金融机构和企业之间的合作机制。在市场不完善、竞争不平等的情况下,企业可能用不正当的行为取得利益,此时扩散的供需双方都没有扩散及采用技术创新的动力,致使技术创新的扩散难以进行。因此要营造公平竞争的市场环境,为扩散主体提供平等的市场机会。同时,还要建立"金融机构－企业"的合作机制,确保金融机构和企业间的信息通畅，在保证新技术正常推广扩散的同时，实现双方的合作共赢。

三 煤炭产业绿色化发展的资本运行体系

面对当前经济可持续发展、绿色化发展的新形势、新任务，煤炭产业必须要有与之配套的节能减排资金体系以保证产业的顺利发展。

（一）资金体系

1. 国外层面——国际资金的支持

通过国际合作项目的实施以及与发达国家广泛的交流与合作，积极争取国际组织的包括人力、物力、财力在内的全方位的支持以及外国政府贷款和无偿援助资金，并从国外引进其先进的管理经验、技术创新模式、雄厚的资金、高精尖的人才，通过开展新技术的交流与培训、专业人才的技术指导等实现帮扶。

2. 国内层面

（1）设立节能专项基金，拓宽融资渠道

不管是节能项目的开展实施还是既定目标的实现，都需要有充裕的资金作为强有力的后盾，为了保证煤炭产业绿色化发展的顺利实施，国家或各省份对于节能项目的开展实施都给予一定的优惠政策和财政支持。设立的节能专项资金，要严格规范使用细则，一定要做到专款专用。同时，采取鼓励企业自愿签署节能协议等模式来拓宽融资渠道。

（2）国家财政政策的支持

国家财政政策对节能减排项目的支持主要是通过制定财政预算和给予优惠政策两个途径来实现的。第一，每年年初，对于当年预计启动的节能减排项目或欲推广的相关机制及产品生产等，国家通过给予补助和奖励的方式来加大财政投资力度，以保证节能减排项目及产品研发的顺利进行。第二，对于投资节能减排项目及生产相关产品的企业，尤其是在产品生产过程中使用节能环保设备的企业，国家通过对其实行减免税收等优惠政策来鼓励其节能行为。第三，对于那些能够高效利用资源并且生产产品达到国家环保标准的企业，国家在对其征收企业所得税时通常会采取减计收入的政策来鼓励企业的环保行为。第四，国家还大力推广节能环保建筑以及节能汽车等交通工具，以减少对周围环境的污染。为了更好地改善和解决资源开发过程中的污染浪费问题，还建立了矿产资源有偿使用制度等。

(3) 发挥市场潜能筹措资金

任何一个企业的成长、壮大都必须有充裕的资金作为坚实的后盾，尤其是企业在发展成熟期实现多元化发展的过程中更需要大量的流动资金来周转。在这种情形下，企业对资金的需求较之以前就会变得更加庞大，再加上企业创办初衷——赢利，这决定了企业不可能把"节能减排"项目这类社会效益好、经济效益不确定、投资风险系数高且必须通过长期运行才有可能见成效的项目放在优先考虑的地位来对其进行投资以推动运营，因此，要想实现节能减排工作的有效运行除了有专门的融资渠道、国家财政政策的扶持以外还需要通过市场机制的有效调节筹集大量的资金。目前，我国煤炭产业实施绿色化发展以及用于节能减排项目的资金靠政府的示范工程来筹集显然只是杯水车薪。要想筹集到充裕的资金来保证节能减排项目的顺利实施、节能工作的顺利开展，必须要在政府相关职能部门宏观调控的基础上，充分发挥市场机制的主导作用，使之成为必要的调节途径。

(二) 绿色矿业理念下煤炭产业发展的资本运行体系

近年来，虽然西山煤电公司、兖矿集团等煤炭企业已走出了一条以煤炭的生产经营为主导方向，以资本运作为辅助条件，通过对煤炭企业进行兼并重组、参股控股、上市融资等来推动产业发展的道路[101]，但是，我国煤炭产业的总体运营还处于不断摸索和实践的初级阶段。基于我国煤炭能源的战略地位以及国家出台的《国务院关于促进煤炭工业健康发展的若干意见》中对煤炭产业的资本运营的具体要求，在遵循市场运行规律的基础上，结合煤炭企业自身发展的状况，其资本运营在企业不同的发展阶段所采取的方式是不一样，主要分为三种（见表5-1）。

表5-1 煤炭企业资本运营方式

发展阶段	成长期	发展期	成熟期
模式类型	平稳成长型	快速发展型	高速运转型
发展思路	深化企业内部建设，建立健全管理体制	规范经营机制，组建有发展潜力的股份有限公司	夯实煤炭基础，建立稳定的供应链条，形成海陆空纵向的直销模式
核心思想	规模扩张，借壳上市	剥离生产，重组上市	整合资源，企业改制，整体上市
运营方式	买壳或借壳，并购、参控股，募集资金，融通渠道	企业股票上市，筹集资金，打造地区竞争优势	扩大企业规模，延长产业链，开拓成长空间，提高核心竞争力
发展目标	实现企业上市	实现企业可持续化及现代化的发展	实现企业可持续化、现代化、国际化的发展
特点	上市速度快，操作流程便捷	企业实力较强，不具备国际化发展条件	评价结构优秀，整体实力强，运营方式特别

值得注意的是，在上述不同的发展阶段，即便是成熟期，也并不是所有的企业都可以采用高速运转型模式，该模式对企业是有适用范围和具体要求的，这也正是其运营的特别之处。选择该模式的公司应满足以下条件。

（1）这些上市公司具备完全独立整合集团资源及集团资产的能力，并可以形成相对较完善的产业链条。

（2）公司对相关资产及资源的系统整合，必须可以在一定程度上提高企业在市场上的核心竞争力，其内部结构可以得到进一步的完善和治理，同时还可以去掉一些不必要的交易环节。

（3）除了要满足上述两个条件之外，最重要的是征得各类股东（也就是投资者）的同意。

在满足这些条件的同时，选择高速运转型模式的公司或企业还应满足如下要求。

（1）母公司要拥有该企业的主要经营项目，而不是简单意义上持有旗下子公司的股份。

（2）母公司旗下拥有的子公司持有的资源、所取得的经济效益以及其管理水平等应该是优质的。

（3）母公司在拥有该公司股权，并对其具备管理决策权的同时，应该具备较强的扩大规模以及拓展业务的能力。

当然，在达到上述三个具体要求的同时，公司股东对选取该模式的认可也是必不可少的。

（三）完善绿色矿业理念指导下对矿业权的管理，提升煤炭产业发展水平

作为绿色矿业的实现基础和重要保证，在煤炭资源的开采利用中，结合矿业权资源产权、市场关联以及交易有限等特性，在对矿业权实施管理的过程中，不断注入绿色理念，使对其管理更具科学化和可行性，以保证煤炭产业绿色化发展的顺利实现。

1. 加强对矿业权人合法权益的维护

国家的职能部门在对矿产资源相关政策的制定和执行过程中，为

了使矿业权人的合法权益得到最大限度的保障，在遵纪守法的前提下，执行人员自由裁量权的使用要有准确的尺度。同时，在整个勘探、开采、开发及利用过程中，在采用科学的探测手段对矿山里是否存在"一矿多开"等进行技术论证或者验证在同一个矿区内是否存在几个探矿权等烦琐细微的辅助性工作环节中，必须要以矿业权人的正当权益得到充分保障为基础，不能采取统一的标准，要根据其不同的特点选取不同的方式来进行[102]。要想使矿业权的市场运行秩序更加规范化和科学化，矿业权的相关法律是先导。相关法律法规的施行使矿业权充分得到保护的基础上，可以形成良好的资源开发和市场运行秩序，为煤炭产业的绿色化发展奠定了坚实的基础。从一定程度上也避免了采富弃贫、采大弃小、乱采滥挖等破坏环境现象的发生，从而推动了煤炭产业绿色化发展的进程。

2. 不断完善对矿业权二级市场的标准化建设

矿业权市场科学规范的运行不仅符合当前市场经济发展的内在要求，将大量的资金吸纳到矿业领域来投资，保障煤炭产业在资本市场有效运行，而且实现了煤炭产业经济的高效健康发展。通过公开竞标的方式，这些实力雄厚、经济效益好、研发技术先进、管理手段科学、运行方式规范的企业必然在竞争中占有绝对的优势，而很自然地取得矿业投资开发权。矿产资源在这些具有资源优势和发展潜力的企业得到了最大限度的发挥[103]。同时这些企业在得到对矿山的开发使用权之后，基于国家对"开发绿色矿山、发展绿色矿业"的相关要求，也会对资源进行更加高效的利用，在矿山的勘探开发过程中融入更多节能减排的绿色理念，在使企业获取经济效益最大化的同时，也使有限的资源得到最优化的利用，实现了"资源－企业"的双赢，从而有效地推动了绿色矿业的长效发展。

基于公平、公正、公开的原则，采取规范、透明的交易方式在矿业权市场进行探矿权的出让以及采矿权的转让等交易时,需要注意以下几点。

第一,对于企业正当的市场行为,要制定利于它们展开公平竞争以及资本流通的市场准则,以保证其使用规范的市场行为,使资源得到合理的配置,充分发挥市场调节作用。

第二,想获取探矿权、采矿权的公司或企业,须在矿业权交易市场通过公平竞争的方式获得对矿山的开采以及使用权,这样也避免了矿业权的非法转让。竞争机制的引入,不仅可以促进这些企业通过不断改良开采工艺的方式提高对资源的利用效率,而且在推动煤炭产业绿色化发展、可持续发展的同时,实现了经济利益的最大化。

第三,国家对矿业权的管理,由原来的政府全权负责制转变为现在的将其一部分职能向矿业权市场倾斜。因此,矿业权的出让等通常是在矿业权交易市场完成的,这样不仅使矿业权市场获得了相对较大的发展空间,而且也为政府更好地发挥其服务和管理职能提供了有效的时间保证。

矿业权市场的有序运行,不仅缩短了有效的办事时间,提高了工作效率,而且使矿业权市场中信息披露、交易行为不规范、交易过程风险系数较大以及对矿业权交易记录不够及时等问题也得到一定程度的解决,有效地推动了绿色矿业的发展进程。

四 煤炭产业绿色化发展的人才培养机制

根据《煤炭科技"十二五"规划》中的具体要求,煤炭科技工作要加强基础理论和重大核心技术的研究和创新,继续完善以大型企业为主体,高等院校和科研院所为依托的技术创新体系,不断加强创新体系的建设以及对煤炭科技人才的培养。现阶段煤炭在我国一次性能源中所占比重较大,对国民经济的发展具有重要的影响[104]。煤炭产业是否能按正常的轨道平稳较快发展，其中煤炭科技人才起着决定性的作用。所以，对于煤炭产业专业化人才的开发、培养以及系统内人才队伍的发展和壮大，我们必须给予高度的重视。

首先，国家层面。

第一，国家制定并采取相应的政策，应对煤炭这一艰苦专业给予一定的政策扶持并加大煤炭产业人才培养的资金投入。对煤炭院校艰苦专业设立专项奖学金和减免学费以吸引更多的优秀青年自愿进入煤炭相关专业进行系统的学习，毕业后从事与煤炭相关工作。国家应保持和加大对煤炭产业人才培养的投入，对煤炭企业给予税收政策的倾斜。通过减免煤炭企业的税收等优惠政策，使其可以有更充裕的资金投入企业人才引进、培训，减轻其税收负担来保证人才队伍建设的资金投入。

第二，加大对科技及创新人才的投入。随着煤炭产业逐渐发展成为集开采、化工、电力、机械于一体的综合性行业的发展趋势，结合当前我国煤炭企业产权投资多元化、生产日益集中和多元化发展对专业人才及复合型人才的需求，国家应建立集"产－学－研"于一体的技术创新模式，给研发人员提供有力的资金支持，规定国有大型煤炭企业的研发费用不得低于企业当年销售所得的1%，以此来保障企业研发资金落到实处。采用鼓励、引导、行政、法制手段，促进和规范煤炭专业人才的引进、培养和使用。按照国家高层次人才引进的具体要求，对海外相关专业的高层次人才的引进给予一定的优惠政策；对于人才家属给予相应的安置；对于进行煤转油、脱硫、煤矿伴生矿等煤炭产业后续发展技术的具体开发、转换的研发人员，同步进行物质和精神奖励，以调动研发人员的积极性。

其次，学校层面。

第一，不断更新培养模式。在充分利用煤炭院校资源及传统专业等优势学科的基础上，培养煤炭专业技能人才的"绿色化发展"理念。加强与发达国家的合作交流，有效地实现资源共享，从国外资本市场、管理界、高校等引进先进的煤炭或与产业发展相关的教学资源，丰富教学内容，拓宽学生的视野，为学生今后开展实质性的工作积累经验。同时，基于国际现代化建设高层次、高技能人才短缺的现状，结合煤炭行业多元化及市场发展的实际需求，也要加强对交叉学科背景的复合型人才的培养。坚持加强教师队伍的自身建设，由煤炭生产企业的工程师或技师等高级技术人员对在校生进行理论运用于实践的实习指导。

第二，加强专业设置的改革。在改革一些传统的采煤专业、建井专业和安全专业的基础上，结合当前"绿色矿业"的发展目标以及企业自身发展的需要，对这些传统工艺或技术进行改良，在发展新专业、新学科以及教学大纲编写的过程中，要及时融入国家制定的新的发展纲要和发展理念。

最后，企业层面。

第一，加大对新技术研发部门的资金支持。加强与国际发达国家相关领域的技术和经验的交流与合作，通过开展实验室共建、企业与科研机构间研发人员的流动与学习等方式实现资源共享。同时，中国矿业大学钱鸣高院士提出的"绿色开采体系"，也为建设现代化的绿色矿业提供了一定的理论和技术支持，煤炭企业应加大对这方面的资金投入，坚持对绿色技术的应用和推广，在为研发人员提供先进的研发设备，保障新技术的研发工作顺利开展的同时，使工作人员的工作、生活环境等待遇问题也得到很好的改善。

第二，进一步细化奖励机制，完善对技工、科研以及管理人才的奖励措施。鼓励技术人员开展对新技术的研究，尤其是在当前这个发展时期，结合煤炭产业发展趋势及市场需求，对从事煤炭开发利用过程中的采矿、挖掘、洗选加工、产品能耗、运行节能、后续产业环保、燃煤低碳发展、煤层气及煤矿瓦斯等新技术研发和应用的科研人才，以及在煤炭产业发展的领域里有交叉知识背景，同时又懂技术、促研发、会管理、善创新的高级复合型人才，要从精神和物质上给予双重的支持。

第三，完善相关配套设施。由于煤炭行业属于艰苦行业，它的资源性质决定了其工作环境更多的是在野外或离城区相对较远的区域，这给家属及子女的工作和学习带来一定的困难。为了解决研发人员的后顾之忧，更好地调动其研发热情和积极性，企业应在产区附近建立幼儿园、医院、超市等服务性场所，以解决他们生活中的实际困难，保证研发工作的顺利进行。

除此之外，国家、学校、企业三方的高度融合也是至关重要的。加强煤炭院校与市场的对接，按照社会实际需求有针对性地进行人才的培养，在国家给予政策倾斜、资金扶持的基础上，专业院校本着"为产业绿色发展服务，为区域发展增色，拓宽专业领域"的理念着重培养学生的实际操作技能，进一步加深与企业的互助交流与渗透融合，共同完成绿色理念下人才的培养。

五　引导和建立煤炭产业绿色化发展的市场促进新机制

（一）建立合同能源管理（EMC）试点

作为推动节能降耗的市场新机制，合同能源管理的建立，可以从煤炭产业的管理部门和煤炭企业两个层面来保证煤炭产业绿色化发展的顺利进行：煤炭产业的主管部门将开展节能项目或生产相关节能产品的企业列入候选范围，再从中选取实施节能减排工作成效比较突出的企业作为节能试点，主管部门通过完善相关制度和制定配套政策来保证这些试点节能工作的顺利开展[105]。具体做法包括：第一，在煤炭企业进行节能改造时，以优厚的条件吸引节能服务公司的加入，使其参与全面的改造工作，以此降低或规避企业在投资节能项目或提供技术服务时的风险，提高节能降耗的水平；第二，将在节能工作取得突出成绩的公司引入行业的管理层面，尤其是在制定合同能源管理办法的时候，给予这些处于"节能降耗"一线的企业足够的话语权，针对他们在实际生产中遇到的问题，制定切实可行的应对办法，进一步规范行业对企业的管理行为；第三，在新机制试行较为成熟的阶段，可以通过在其他行业或领域开展节能试点的方式来实现对其全面应用。

(二) 加强企业清洁生产，完善绿色经济试点

煤炭产业的绿色化发展离不开清洁煤技术的规模化应用。根据国家清洁生产的相关要求，从资源的高效利用、清洁化生产、节能技术或产品推广及应用等方面在行业内加强"节约型煤炭企业"等活动的创建及推广。第一，在总结循环经济试点的基础上，结合国家对其发展的具体要求，制定产业发展绿色经济试点的实施办法，并实现其在煤炭企业中的规模化应用；第二，制定"绿色企业"的行业评判标准，结合"十二五"规划对产业发展的前景规划，在绿色认购、煤炭清洁生产、资源开发利用的环境保护、产业的绿色化发展、煤炭及相关产品的绿色应用等具体要求的基础上，继续完善"绿色经济"试点，在煤炭行业内逐步构建一批"节约型企业""绿色企业"等示范单位。

绿色矿业理念的煤炭产业发展模式见图 5-4。

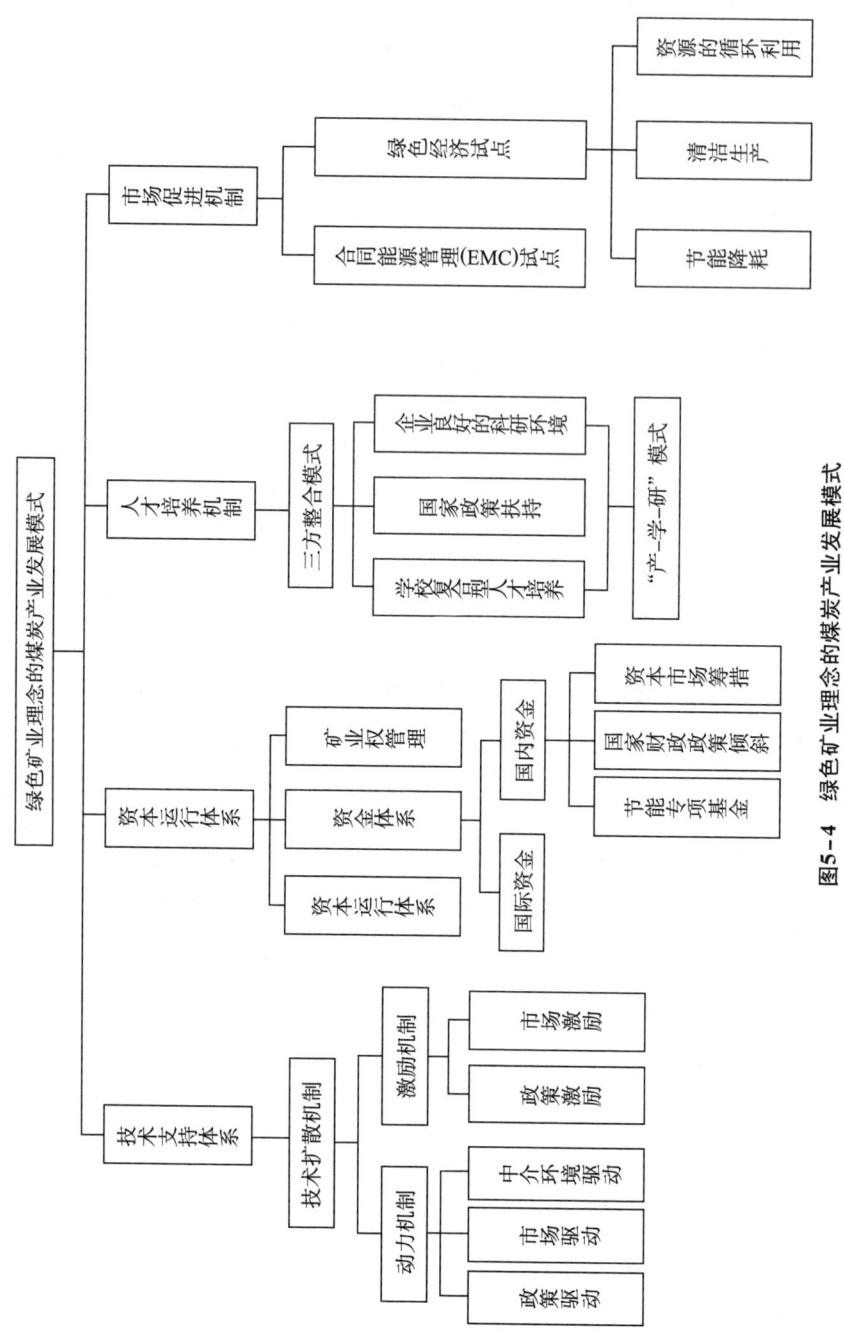

图 5-4 绿色矿业理念的煤炭产业发展模式

六 基于绿色矿业理念的煤炭产业发展模式对未来社会的影响

(一) 实现经济社会与资源环境的协调发展

综观人类社会的发展历史，人类社会取得的发展和进步都是建立在对资源的不断汲取的基础之上的。同时人类社会的发展史还告诉我们，任何一个国家的发展之路都不能建立在无休止开发资源、破坏环境的基础之上。在我们取得社会进步和经济发展的同时，还要不断加强对资源的合理开发和有效利用，通过对环境的有效保护实现经济社会与资源环境的协调发展。在绿色矿业理念的指导下，在进行煤炭资源开发利用的同时，还要保证这些资源能够得到合理有效的利用，将对整个环境的破坏尽量降到最低，使绿色发展的理念逐步深入社会经济发展的各个方面，从而逐步实现经济社会与资源环境的协调发展。

(二) 推进经济发展方式的进一步转变

虽然我国的社会经济在改革开放后取得了巨大的发展，但是就目前的实际情况来看，整个国民经济发展方式还存在一定的问题，并未完全摆脱过去的那种"高消耗、高浪费、高污染"的发展方式，在我国的很多地方目前仍旧存在建立在资源优势基础上的"三高"式开发[106-107]。绿色矿业理念的核心就是采用各种方式实现矿产资源的绿色化开发。在绿色矿业理念的指导下进行煤炭资源的开发，能够使经济的发展逐步摆脱过去的套路和模式，逐步向绿色、高效的方式转变，从而推动经济发展方式的进一步转变。

(三) 对我国的能源安全产生有利影响

能源是一个国家经济发展的基础，能源安全问题直接关系着一个国家的安危。能源储量及利用方式是能源安全问题的一个重要方面。基于绿色矿业理念进行煤炭资源开发的一个重要环节就是积极进行煤炭利用新技术的研究开发。通过新技术的研究开发，可以有效增加煤炭资源的利用方式，使煤炭资源得到充分合理的利用。此外，我国一直面临着"富煤贫油"的能源现实，在绿色矿业理念的指导下，进行"煤转油""煤替油"技术的研发，一旦取得重大突破，将会对我国的能源安全产生非常有利的影响。

第三节　本章小结

绿色矿业即环保型矿业，是充分体现环保、关注可持续发展的矿业发展新模式，该模式将社会因素、生态因素以及经济因素融入矿产资源开发利用的整个过程并对三者进行了综合考量。绿色矿业的主要特征包括：始终坚持矿山开发与环境保护并重的原则，在坚持法制化管理的基础上充分依托科技优势对传统的开发利用方式不断进行改良，在对煤产品及下游产业的开发过程中始终坚持走绿色化的发展道路，在大力发展经济的同时精神文明建设水平也得到大幅提高。

基于绿色矿业理念的煤炭产业发展模式是在调整产业结构、加强资源与环境管理的基础上，逐步建立起的一个经济效益、社会效益、环境效益三者协调发展且具有较强发展潜力和市场自我调节能力的新型的煤炭产业运行体系。其实现途径主要包括：绿色矿业新理念下的技术体系；绿色矿业新理念下的资本保障体系；绿色化人才队伍建设以及煤炭产业绿色化发展的市场促进新机制。

基于绿色矿业理念构建的煤炭产业发展的新模式在环境的协调发展方面保证了资源的合理、高效利用，降低了资源开发利用对环境的影响，极大地推动了经济社会与资源环境的和谐发展，一定程度上也加速了经济发展方式由"三高"向节能、绿色化发展的转变，同时，洁净煤、煤转油、煤替油等新技术的研发和应用，将会对我国的能源安全产生十分重要的现实意义和深远影响。

第六章 基于绿色矿业理念的煤炭产业发展的政策保障体系

我国政府以及社会公众对加强环境保护、优化能源结构、促进传统产业改造升级等问题的高度关注,为建立绿色矿业理念下的煤炭产业发展政策保障体系迎来了机遇。2012年3月5日,温家宝总理在第十一届全国人民代表大会第五次会议的《政府工作报告》中强调,要促进产业结构优化升级,优化能源结构,鼓励节能、节水、节地、节材和资源综合利用,大力发展循环经济,推进节能减排和生态环境保护,进一步淘汰落后产能,推动战略性新兴产业健康发展,建立促进新能源利用的机制。2012年1月7日,国土资源部部长徐绍史在全国国土资源工作会议上提出了统筹矿产资源开源、节流和布局,增强资源可持续利用能力。在国家政策的支持下,绿色矿业的发展将进入快速发展阶段。本章重点针对政策保障体系的构建展开研究。

第一节 现有相关政策保障基础

在我国,政府是煤炭管理的主体,是整个煤炭管理体系的中心,决定着其发展的方向。所有煤炭资源的政策、规章、制度都由政府制定,也由各级政府贯彻执行,因此,有必要先分析我国政府的煤炭资源管理模式。

一 当前我国的煤炭资源管理体系

1. 矿产资源的管理体系

(1) 管理主体与管理对象

我国实行矿产资源国有制度,矿业权管理的主体是政府,具体包括中央主管部门地质和矿产资源相关地方各级政府及管理部门。国家矿产资源行政管理机关为实现国家矿产资源所有权益,保护矿业权人合法权利的基本要求,对探矿权、采矿权从有偿设立到注销全过程进行行政管理。矿业权管理的主要内容按矿业权相关对象划分包括探矿权、采矿权,按流程划分包括勘察开采登记管理和矿业权流转管理等。

(2) 管理机构的设置[108]

矿政管理机构包括国土资源部、国土资源厅、国土资源局等,分别是中央一级、地方三级(省、市、县)共四级机构。

1998年,中华人民共和国国务院在机构改革中设立了国土资源部。根据1998年6月国务院办公厅下发的国发〔1998〕47号文件《国土资源部职能配置、内设机构和人员编制规定》,规定了"国土资源部是主管土地资源、矿产资源、海洋资源等自然资源规划、管理、保护与合理利用的国务院组成部门"。

地质勘查司:组织拟定地质勘查工作标准、规程、规范,组织矿产资源调查评价,依法进行勘查审批登记和探矿权转让审批登记,依法调处重大地质勘查争议纠纷。

矿产开发管理司:依法进行采矿审批登记和采矿权转让审批登记,依法调处大采矿争议、纠纷,依法进行矿产资源开发、利用与保护的监督管理,依法征收矿产资源补偿费。

执法监察局:组织对执行和遵守国家矿产资源法律法规等情况进

行监督检查。

政策法规司：组织起草有关矿产资源的法律法规草案；调研和起草综合性矿产资源政策，办理有关行政复议事宜。

地质环境司：拟定地质遗迹等地质资源和地质灾害管理办法，组织保护地质遗迹和地质灾害防治。

2000年，各省、市、自治区在政府机构改革中设立了国土资源厅。目前，各市（地、州）、县级政府均设国土资源局[109-110]。

2. 煤炭产业的管理体系

为解决专业经济部门直接管理企业与发展市场经济的矛盾，1998年政府机构改革撤销了几乎所有的工业经济部门（共十个），其中包括煤炭工业部。把国家煤炭行业管理职能划归国家发展和改革委员会（简称发改委）下属的能源局煤炭处。煤炭管理工作被多家行政部门分解，例如，国有煤炭企业负责人由国资委或组织部管，社保劳资由劳动保障部门管，财务工作由财政部门监管，这种现象被形象地称作"九龙治煤"。

根据2006年《国务院办公厅关于加强煤炭行业管理有关问题的意见》的要求，原属发改委的五项行业管理职能被划归国家安监总局和其下属的煤矿安监局行使，目的是改善煤炭行业管理弱化问题，让监管部门管理效能得到加强。当前煤炭环境管理相关的机构包括国土资源部、环境保护部、国家能源局、国家煤炭安全监察局，以及各个地方的政府和相关的煤炭管理局。根据以上情况，煤炭产业的管理体系如图6-1所示。

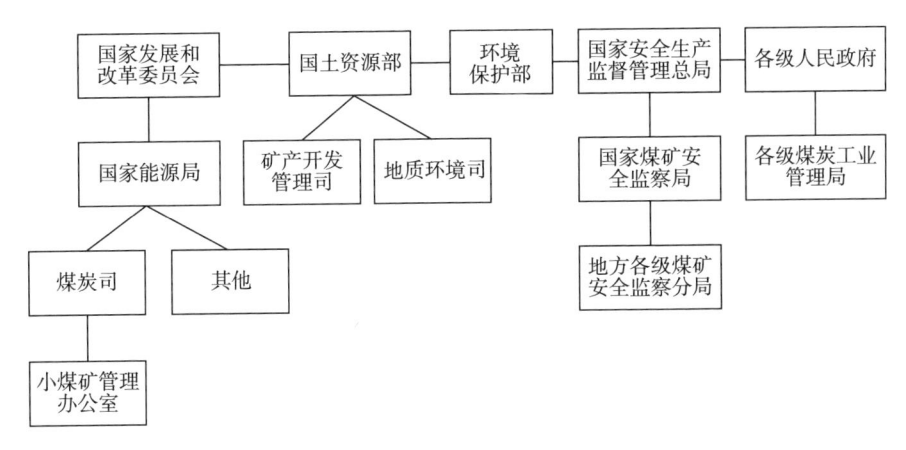

图 6-1　煤炭产业管理体系

二　现有的政策保障基础

1. 在中央建设服务型政府的背景下，正在建立完善的煤矿产业监管机制成为政策保障基础

由于历史原因，部分产煤地区的政府环境保护意识淡薄、管理监督薄弱，认为环保和经济是矛盾的，产生诸多煤矿问题，与此同时，由于长期以来缺乏监督机制，煤矿的发展缺乏政策保障。当前，我国政府正在推进服务型政府建设，通过服务型政府建设让政府从煤矿资源的市场经营领域退出，成为服务型政府。这种方式顺应社会和经济发展需求，寻求通过转变政府职能来促进煤炭行业发展。

服务型政府的建设，对防治煤矿发展领域权力滥用、权力寻租、腐败等现象起到了重要作用，是制约和监督权力、预防和治理腐败的有效措施[111-112]。服务型政府建设，能有力推动绿色矿业的政策保障体系建设。2011 年 3 月十一届全国人大四次会议表决通过的《关于国民经济和社会发展第十二个五年规划纲要的决议》再次强调要"加快转变政府职能"。因此，服务型政府的建设是今后一个时期的重要工作，能够为矿产行业的和谐发展提供基础保障。

2. 在矿业全球化的背景下，绿色矿业是实现矿业可持续发展的必然要求，能得到政策支持

全球矿业发展势头强劲，资源需求持续增长，探矿和采掘技术不断更新，矿业已经成为全球最具发展潜力的投资行业之一。2006年，全球矿业总市值达到9620亿美元，比上年增长了近1/4。据2012年3月7日中国海关公布的数据，2012年1月我国进口硬煤达到1636.63万吨[113]。在矿业全球化背景下，我国政府已经充分认识到绿色矿业是实现矿业可持续发展的必然要求[114]。在深入学习实践科学发展观，建设和谐社会的大环境下，制定有利绿色矿业的政策是落实科学发展观的重要体现。

3. 在加快推进产业结构优化升级战略下，煤炭产业绿色发展迎来机遇

十七大以来，我们政府从战略上不断加快推进产业结构的优化升级，制定了多项政策。2012年3月5日，温家宝总理在第十一届全国人民代表大会第五次会议的《政府工作报告》中再次强调了促进产业结构优化升级。煤炭行业的优化升级也正在推进，2012年2月24日，国家煤矿安全监察局表示，将再关闭1000处左右小煤矿，进一步淘汰落后生产能力，并鼓励大型煤矿整合改造和管理小型煤矿，大幅度降低小煤矿数量。

产业结构优化升级既是一项长期艰巨的任务，也是当前经济发展的迫切需要，必须从片面追求规模扩张转为着力提高经济运行的质量和效益。改变主要靠政策和投资拉动经济增长的方式，加大内涵式发展的投入力度，加快向创新驱动型、绿色低碳型、智能制造型、服务型转变，持续提升我国经济综合竞争力[115]。

我国煤炭产业发展的人力、资源、市场这三个条件基本决定了以往煤矿粗犷发展的客观情况[116]。煤炭产业实现绿色发展，形成绿色经济，正是推动产业结构优化升级的重要体现，煤炭产业在转型的大

战略下迎来了机遇。

4. 相关法律为绿色矿业提供了保障和基础

当前的相关法律为政府对绿色矿业的准确定位提供了保障和基础[117]。我国管理、规范煤矿勘探、生产的基本法是《中华人民共和国矿产资源法》（以下简称《矿产资源法》）、《中华人民共和国煤炭法》（以下简称《煤炭法》）。1986年全国人大常委会通过了《矿产资源法》，1996年对《矿产资源法》进行了修改，并颁布了《煤炭法》。1998年国务院又颁布了《矿产资源勘查区块登记管理办法》《矿产资源开采登记管理办法》《探矿权、采矿权转让管理办法》三部行政法规。2009年2月，国土资源部审议通过了我国第一部针对矿山环境保护的部门规章——《矿山地质环境保护规定》。第二年10月，国土资源部颁布了《矿业权出让转让暂行规定》，为矿业权市场的建立和矿业权的流转提供了运行规则。

政策的作用在于为行为和决策提供引导，而法律是通过强制性规定迫使人们依法行事。煤炭产业政策的主要作用是提供一般性的指导[118]，它的服务对象主要包括立法者、行政主体等。煤炭产业政策必须受法律框架的影响，并由政府行政管理部门中重要的政府官员颁布和实施。

5. 在全力加强环境保护的政策下，绿色矿业具有发展前景

众所周知，环境保护为科学发展固本强基，为经济增长添加动力，为人民幸福增进保障，是关系当前和长远国计民生、和谐稳定的大事。2012年中国发布新修订的《环境空气质量标准》，增加了"PM2.5"监测指标。2012年3月5日，温家宝总理在第十一届全国人民代表大会第五次会议的《政府工作报告》中强调中国决不靠牺牲生态环境和人民健康来换取经济增长。我们一定能走出一条生产发展、生活富裕、生态良好的文明发展道路。中国将加强环境保护，着力解决重金属、饮用水源、大气、土壤、海洋污染等关系民生的突出环境问题，努力减少农业面源污染[119]，严格监管危险化学品。我国2012年在京津冀、长三角、珠三角等重点区域以及直辖市和省会城市开展细颗粒物（PM2.5）等项目监测，至2015年已覆盖所有地级以上城市。

我国煤矿数量多、分布广、工艺落后，对环境的污染破坏十分严重。绿色矿业新理念是将"开发与环保并重"的理念放在首位，坚持"矿产资源的开发与环境保护同步"的方针。绿色矿业的发展符合当前对大力支持环境保护的背景，具有良好的政策支撑。

综上所述，煤炭产业政策保障结构如图6-2所示。

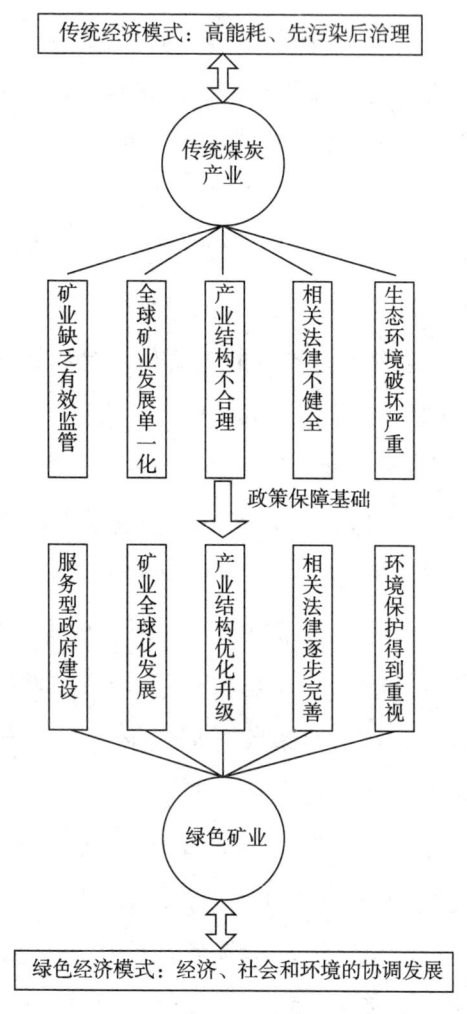

图6-2 煤炭产业政策保障结构

第二节 基于绿色矿业理念的煤炭产业发展的政策保障体系总体架构

绿色矿业是将社会因素、生态因素以及经济因素融入矿产资源开发利用的整个过程并对三者的综合考量，是充分体现环保、关注可持续发展的矿业发展新模式，同时也是在当前形势下解决保障发展与保护资源关系的必然选择，实现煤炭产业的绿色化开采是它的核心内容之一。

基于绿色矿业新理念，煤炭产业发展的政策保障体系应该是包括矿产普查、矿山规划、开采、加工和产业可持续发展的各种法律、法规、管理规章和政府的决策、行动的保障体系，能够对绿色经济社会产生重要影响，涉及煤矿产业的各个环节，如矿产普查、矿山规划、建设、开采、选矿、冶金、深加工、回收等过程。

所以，这套政策保障体系对煤矿勘查、开采、利用、保护，保障社会经济发展，对矿产资源可持续利用等方面进行研究，能够实现保护环境、安全生产的政府决策，以及资源充分合理利用。这套体系一方面能够拓展矿产资源管理任务，另一方面是其他政策和管理方法的基础。

煤炭产业发展的政策保障体系围绕绿色经济、绿色矿业的内涵，形成一套清晰、全面的政策体系，主要有以下三个功能。第一，从政府层面为企业的发展提供有力指导。政府统筹考虑煤炭可持续发展需要、安全生产、环境保护要求、循环利用等要求，对矿业中的各项工作进行引导，能够让矿业政策发挥重要导向性作用。复杂的、多面的甚至有冲突的绿色矿业的活动状态能够纳入明确的目标，使矿业企业按照规定原则做应该做的事[120-121]。调节和控制矿业中出现的各种类型的利益和矛盾。第二，给管理者、主管部门，特别是法规、制度、法律的制定者给予指导。第三，对绿色矿业的目标进行舆论宣传，给予文化保障，鲜明地引导全社会对绿色经济、绿色矿业予以支持，同时引导绿色矿业人才培养。人才是推动可持续发展的基础。总的来说，煤炭产业发展的政策保障体系可以被划分为四个部分，如图6-3所示，分别为技术与安全保障、制度与政策保障、法律与文化保障、人才建设保障。

图 6-3 煤炭产业政策保障体系

1. 技术与安全保障

技术是煤炭产业绿色化发展的重要驱动力，只有改善传统技术，并运用到煤炭资源开发利用的整个过程，才能实现绿色矿业。与此同时，保障安全生产，才能维持煤炭工业的健康发展和稳定。可以说，煤炭产业绿色化发展是以技术与安全保障为先导的体系。因此技术与安全对保障体系的建设有着基石作用。如今技术发展日新月异，要保证煤炭产业的可持续发展，必须不断进行技术创新，推动产业发展。而在这个过程中，安全稳定是前提，没有安全保障，无法开展任何工作。

2. 制度与政策保障

处于中层的是制度、政策保障体系。从某种意义上来说，绿色矿业的相关政策、制度为了有效促进煤炭可持续发展，应该从技术与安全保障体系中衍生而来，满足绿色矿业的每个阶段相关技术与安全体系的需要。同时，制度、政策又具备引导性和规范性，能够促进技术与安全保障体系的完善和进步。由于制度政策的制定主体是政府，所以制度、政策的引导性和规范性往往得到重视，而其基于技术与安全的衍生性即适应性却屡屡出现问题。本书将政策、制度归类为中层支撑体系，强调了制度、管理体系的双重意义。

目前正在建立或已有的制度包括《洁净煤技术科技发展"十二五"专项规划》《煤炭产业政策》《国务院关于促进煤炭工业健康发展的若干意见》《国务院关于加快发展循环经济的若干意见》《矿产资源开采登记管理办法》《煤炭开采企业能源消耗计量与考核管理办法》《洗选企业能源消耗计量与考核管理办法》《煤化工企业能源消耗计量与考核管理办法》。促进绿色矿业的政策体系应该具有连续性、系统性、一致性，同时要根据全国各地区实际情况因地制宜，注意切实落实引导绿色矿业发展的优惠政策，避免政策流于形式或变为私人和小集团的逐利工具。

3. 法律与文化保障

绿色矿业是否又好又快发展，可以直观地体现法律、文化支撑体系是否完善。绿色矿业体系建设越先进，其相关法律就越完善和成熟，绿色意识就会上升到社会绿色经济、绿色文化的境界。2010年4月，由国家发改委能源局牵头，国务院法制办公室、国土资源部、环境保护部、中国煤炭工业协会、中国煤炭加工利用协会等组织的"煤炭法规政策体系建设动员会"明确提出了加强煤炭法制建设，做好煤炭法律的立、废、改工作，健全完善以《煤炭法》为主的我国煤炭法律体系，实现"依法治煤"是实现煤炭工业全面、协调、可持续发展的治本之策。法律与文化保障体系具有保护、保障整个保障体系的作用，法律体系构成了循环经济正常运作的底线，当相关制度和政策不能达到引导目标或者引导失效的时候就需要动用国家机器的强制力量,而文化体系则是绿色矿业发展的高层次保障,绿色矿业的形成一方面需要政府的大力引导,另一方面要以相应的发展为基础[122-123]。文化体系一旦建立,将产生法律体系达不到的效力,对绿色矿业、绿色经济的发展有催化剂的作用。总之法律构成了保障体系外壳的硬性要素,文化构成保障体系外壳的韧性要素。

4. 人才建设保障

人才是绿色矿业发展中最重要的战略资源,人才建设是绿色矿业可持续的重要保障。前面提及的3个层次都需要人才来推动,只有培养一批煤炭科技领军人才,才能够满足煤炭资源产业结构优化升级、推动绿色矿业战略的需要[124]。目前我国煤炭整体从业人员素质普遍较低,与煤炭工业快速发展的实际要求还有很大差距。为了使整个保障体系高效运转,应该以提高绿色矿业管理水平和企业竞争力为核心,以战略企业家、煤炭高水平技术人员为重点,加快推进绿色矿业人才职业化、市场化、专业化和国际化,培养造就一大批具有全球战略眼光、市场开拓精神、管理创新能力和社会责任感的煤炭行业人才。人才建设能够为煤炭工业持续健康发展提供有力支撑。

煤炭产业发展的政策保障体系的四个层次并不是割裂的,而是紧密相连、相互支撑的。从作用形式上看,四个层次融为一个整体,同时在煤炭资源利用的绿色化、生态环境的绿色化发展、绿色化经济、人口与社会的协调发展中发挥不可替代的作用,也只有四个层次同时发展和完善才能推动绿色矿业的发展。煤炭产业政策保障体系总体结构如图6-4所示,从构成原理上看,四个层次的保障体系相互支撑,相互促进。没有人才这个足够坚韧的外壳,法律、文化、制度、政策乃至核心的技术与安全都将弱不禁风。而没有核心技术与安全,绿色矿业就沦为空谈,制度、法律体系就变成空壳。

第六章　基于绿色矿业理念的煤炭产业发展的政策保障体系 | 141

同时，技术与安全、制度、法律、人才四者的不断自我完善又起到巨大的相互促进作用。

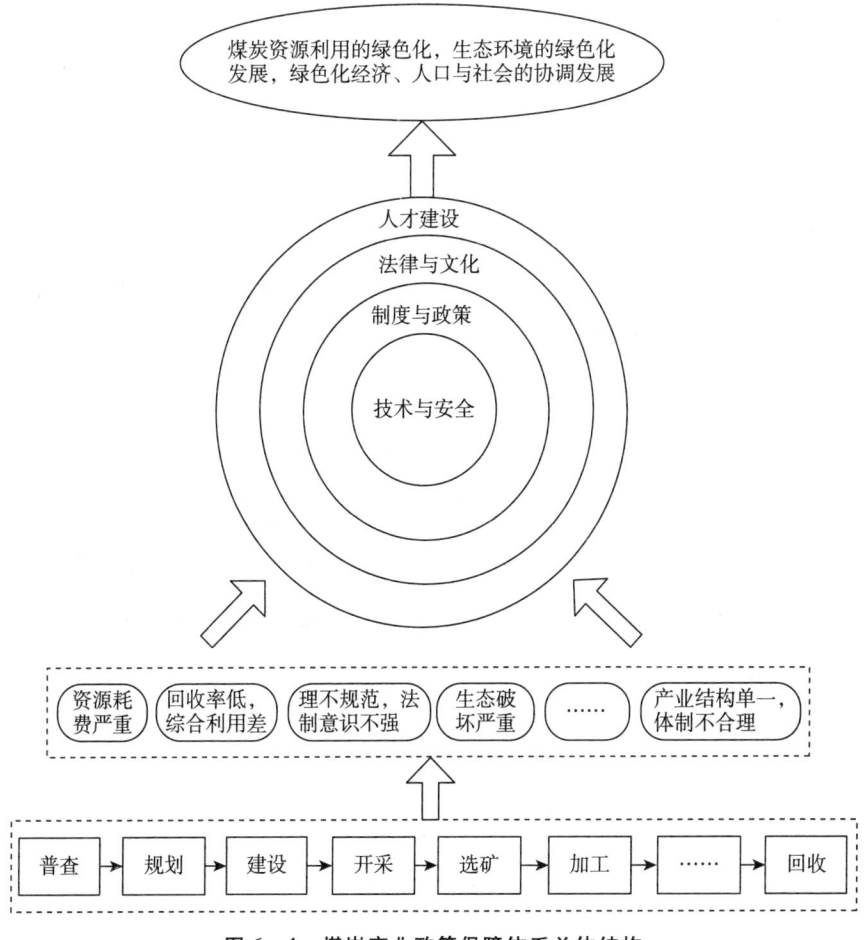

图6-4　煤炭产业政策保障体系总体结构

第三节　技术与安全保障

一　技术保障

建立煤炭产业技术与安全体系是保障层的核心。《国务院关于加快培育和发展战略性新兴产业的决定》明确把知识密集度高、引领带动作用强、发展潜力大、综合效益好的节能环保、新一代信息技术、生物、高端装备制造、新能源、新材料、新能源汽车等产业，作为我国现阶段战略性新兴产业的重点加以推进。因此，煤炭行业必须注重技术创新在绿色矿业培育和发展过程中的支撑和引领作用，技术保障的内容主要有以下两个方向。

（1）煤基资源加工领域

煤炭深加工等煤基产业链延伸（煤—焦—化、煤—电—化、煤—气—化）以及矿区资源综合利用（矸石—建材）等绿色循环产业技术的开发应用，是煤炭企业技术创新的首选。围绕传统产业，通过煤基产业技术创新，大力提升煤炭等资源产品的技术含量和附加值，如近年兴起的煤制烯烃、煤矸石制陶瓷微珠等新兴技术产业。煤基产业的优势是可充分发挥本行业的资源、技术和人才优势，无疑是煤炭企业尤其是资源储备相对充足的企业开展技术创新的不可或缺的产业方向。近年来，众多煤炭企业在这一领域已经进行了大量的实践，并形成了一定的产业规模。

（2）其他非煤科技产业领域

为应对今后资源枯竭带来的产业接续问题，煤炭企业必须不失时机地谋划非煤产业的发展，为将来企业向绿色矿业转型发展奠定坚实的技术及产业基础。目前，这一领域是煤炭企业实现可持续发展的薄弱环节和重点。在非煤科技产业的布局上，各个企业应该紧密结合自身的资源环境条件和技术经济实力，统筹兼顾煤炭以及非煤产业的发展比重和发展步伐，循序渐进地开展工作。需要注意的是，煤炭企业在发展新技术产业的过程中，尤其应注重新能源、新材料等与企业经营领域结合较为紧密的产业的发展。

要实现技术保障，煤炭行业必须加强技术创新发展的机制建设，重点内容如下。

(1) 科技协作机制是技术发展的基础

煤炭企业发展绿色产业，必须充分重视企业科技网络平台和科技人才队伍建设，同时紧密依托国内外大型科研院所，共同建立"产、学、研"相结合的技术合作平台，健全科技产业创新的新型机制，推进重点领域技术创新战略联盟建设，协同研发新技术、新产品，共享技术成果，从而促进煤炭企业科技产业的健康、稳步、快速发展。

(2) 资金投入机制是技术创新发展的保障

绿色矿业的孕育发展，需要持续不断的资金投入。因此，必须不断改进企业科研与科技产业投资体制，提升技术研发和科技产业管理水平，放眼长远，逐步提高科研与科技产业投入在企业支出中的比重，真正做到领导高度重视，资金保障有力。

(3) 创新激励机制是技术创新发展的动力

发展绿色矿业，必须建立与绿色产业相配套的创新发展机制。为此，企业必须大力健全技术创新体系，努力营造鼓励创新的企业政策和环境，完善有利于技术创新发展的引导机制、培养机制、评价机制和激励机制，并以此作为煤炭企业长期坚持的重大战略任务加以实施，从而为煤炭企业提高创新发展能力注入强大的内在动力。

二 安全保障

与技术体系同一级别的是安全体系，《国务院关于促进煤炭工业健康发展的若干意见》明确指出，要建立以"先进技术为支撑的安全生产保障体系，以煤炭加工转化、资源综合利用和矿山环境治理为核心的循环经济体系。"围绕这一要求，具体的安全保障工程建设主要包括以下几点。

(1) 煤矿井下安全避险

在所有煤矿全部安装井下人员定位系统，在煤（岩）与瓦斯（二氧化碳）突出矿井、开采容易自燃煤层的矿井建设紧急避险系统，切实提高煤矿安全保障水平和应急处置能力。

（2）煤矿重大灾害治理

在瓦斯治理方面，全面落实煤矿瓦斯治理"先抽后采、监测监控、以风定产"方针，坚持"多措并举、应抽尽抽、抽采平衡"瓦斯抽采基本原则，实现"不抽不采"、"抽采不达标不采"和"抽、采、掘"综合平衡，努力构建"通风可靠、抽采达标、监控有效、管理到位"的瓦斯综合治理工作体系。

在水灾治理方面，按照"预测预报、有疑必探、先探后掘、先治后采"的原则，落实"防、堵、疏、排、截"综合治理措施。着力强化煤矿防治水基础工作，加大重大水患排查治理力度，进一步落实防治水措施。在火灾治理方面，围绕防灭火、自然发火预测预报制度及综合防灭火措施，排查火灾事故隐患。

（3）煤矿安全技术改造

积极推广应用煤矿安全先进适用技术，提高煤矿机械化程度，严格淘汰落后和禁止使用的技术装备与工艺，不断提高煤矿安全装备水平。加强煤矿信息化建设，建立煤矿生产安全管理信息系统，提高煤矿信息反馈速度和事故处理能力。

（4）煤矿安全监管监察能力建设

加强基层煤矿安全监管机构建设。建立完善的两级煤矿安全监管及执法机构，进一步理顺和明确执法职责和程序。建设专业化的煤矿安全监察队伍。建立完善煤矿安全监察执法人员选拔、培养和执法资格考核等制度，实施监察执法人员培训工程，加强素质教育和技能培训。完善区域煤矿安全监察机构主要领导异地交流任职，执法人员交叉执法机制，健全监察执法人员到企业挂职锻炼制度。

(5) 煤矿安全科技支撑能力建设

推广先进适用工艺与装备。以瓦斯、水害防治为重点,加快推进煤矿井下安全基础设施与技术装备建设步伐,培育发展煤矿安全产业。制定煤矿安全产业发展规划,发展煤矿安全装备制造业,将检测、监控、安全避险、安全防护等安全设备列入国家振兴装备制造业的政策支持范畴。着力发展工程项目风险管理、安全评估认证等咨询服务业。

推动安全生产专业服务机构规范发展。完善煤矿安全生产专业服务机构管理办法,加强管理,促进其规范运作。建立守信激励和失信惩处机制,加大对提供虚假信息行为的处理力度。建立煤矿安全生产专业服务机构分类监管制度,按不同的机构类型(事业单位、非营利组织、企业),采取不同的管理办法和鼓励政策。

(6) 应急救援基地及队伍建设工程

建设国家、区域煤矿安全生产应急管理培训演练基地,全面开展各级应急协调指挥人员及各级煤矿救援队伍指战员的培训与演练。

技术保障与安全保障相辅相成,共同为政策体系提供基石作用,两者的结构如图 6-5 所示。

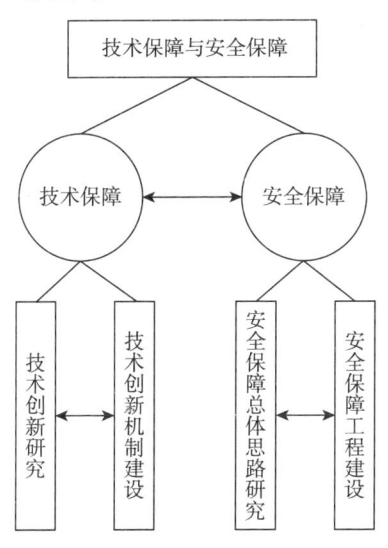

图 6-5 技术保障与安全保障结构

第四节　制度与政策保障

近年来，国务院提出了建立"以煤炭加工转化、资源综合利用和矿山环境治理为核心的循环经济体系"。目前中央已经出台许多政策法规，在全国范围内促进循环经济的发展和绿色矿业的深入推进。

从循环经济角度看，提高资源循环利用的经济激励性与制约性制度安排是随着全球环境革命在经济再生产各领域的渗透而逐渐形成的初步制度框架，它应当包括四个方面：建立循环型市场制度、建立循环经济规范制度、建立循环经济绿色财政税收制度、建立绿色国民经济核算制度。在煤炭行业，绿色发展的制度与政策保障包含以下部分。

（1）建立和完善煤炭开发与生态环境保护相匹配的政策法规，以及环境保护、监督和管理的技术指标

包括制定煤炭环境保护与生态重建标准，构建煤炭环境评价指标体系，建立煤炭环境评价制度，完善煤炭开发的生态环境保护规划机制，并在国家环境保护法指导之下，建立政府煤炭开发环境保护法规，以规范并保证煤炭开发、利用走绿色之路。

（2）加大政策与制度的执行力度

严格执行煤炭开发的准入条件，新建煤炭项目必须评估其对生态环境的影响，包括水土保持方案、土地复垦实施方案、地质灾害防治方案，并报经政府主管部门批准，依法对煤炭生产中的环境保护和土地复垦进行监督。

（3）建立环境恢复保证金制度，设立环境恢复治理专项基金，确保环境保护与恢复治理的顺利进行

具体措施包括从资源税、资源补偿费、耕地占用费、超标排污

费、水土保持费等税费中划出一部分，建立环境治理和土地复垦基金。对于煤炭企业，可从产品销售收入中提取一部分资金，建立企业的环境治理基金。国家财政设立专项资金，用于历史遗留煤炭生态问题和损毁土地复垦的治理。

（4）严格监管以发展循环型经济体系

当前，在发展循环经济方面存在以下几个主要问题：①技术落后，无法促进循环经济发展的技术支撑体系。②在指导思想上不能转到全过程控制、从源头减少资源消耗和削减污染物排放的清洁生产上来。③法律法规建设滞后，促进循环经济发展的政策还不全面。④全民资源意识、节约意识和环保意识不强。以上这些问题，需要公众、政府、企业一起努力才能解决，要在理论思维、操作方式、实现途径等问题上进行借鉴和创新研究，促进又好又快发展循环经济。

在煤炭企业的管理方面，应该调整结构，改善产业布局，推进生态矿业园区建设。煤炭企业建设要结合地区经济结构特点和发展方向，建立高水平、高起点的管理模式。另外，企业要进行资源与生态环境以及产业特征的多方位分析，才能够实现清洁生产和污染零排放。

在煤炭生产领域，具体要按照商业贸易规律，将生产过程中产生的废弃物进行资源重组，转让给其他企业作为生产原料加以重新利用；在产品设计中建立物质闭路循环体系，使资源得到最大限度的利用；根据最新科技的发展和采用高科技技术，通过对资源的再度使用和循环使用来保障生产过程中的污染物减少和废物减量化处理的实现。

第五节　法律与文化保障

一　法律保障

法律保障是刚性要素，因为发展绿色矿业是一项系统工程，它涵盖生产、销售、回收等各类社会活动,是一场经济、环保和社会的重大变革,需要权威的法律手段作为支撑、保障和引导。但在法律保障体系建设中,必须要注意绿色矿业模式与末端治理模式之间存在着根本的差别,两者立法方式和立法理念上也有所区别。法律保障的内容如图6-6所示。

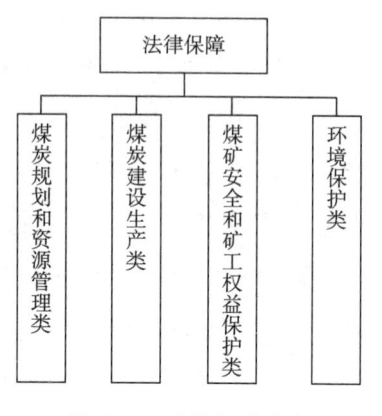

图6-6 法律保障内容

首先是煤炭规划和资源管理类法律,用于加强对煤炭资源的规划管理,并能够完善规划的编制。其次是煤炭建设生产类法律,主要是为了推进煤炭建设项目资质管理,规范煤炭建设工程市场秩序。再次是煤矿安全和矿工权益保护类法律,主要是为了强化煤矿安全生产保障体系,以及保障煤炭从业人员的合法权益。最后是环境保护类法律,主要是为了保护和治理矿区环境,推进资源综合利用,开展煤炭节约和有效利用,构建循环经济体系。

二 文化保障

文化保障体系体现了绿色矿业的发展高度,具备不可估量的规范效力和影响力。从本质上讲,文化保障体系是绿色矿业发展到一定程度的象征。形成绿色社会文化和社会氛围要有社会基础,因此,文化保障体系的构建不能强求，应该循序渐进。同时也应该看到，政府、煤炭企业及相关单位的主观能动性对营造绿色矿业文化具有促进推动作用，因此，在大力发展绿色矿业技术，构建制度、法律体系的同时，政府、煤炭企业等责任体应该积极努力引导公众建立环保意识，在全社会构造绿色文化氛围，从而深度推动绿色矿业的发展。

（1）加大宣传，提高企业、公众参与度。加强宣传，提高全民绿色矿业、绿色经济的意识和参与度。深入开展形式多样的宣传活动，提高全社会对发展绿色矿业、绿色经济重要性和紧迫性的认识，增强绿色价值观，通过开展大型展览、技术交流会等形式引导全社会公众树立绿色矿业、绿色经济的发展理念，增强社会公众的资源忧患意识和保护环境的责任意识。

（2）开展绿色教育，将绿色理念融入企业与居民生活，逐步建立和完善环境保护工作制度，带动民众广泛参与环保实践，加强舆论宣传，强化环保意识。加大绿色矿业宣传工作力度，可以通过社区广泛深入地开展宣传活动，通过居民消费引导煤炭企业从生产环节加强环保管理。此外，还应将循环经济、绿色矿业发展理念融入煤炭企业文化中，在全体员工中牢固树立循环经济的发展理念，这是绿色矿业工作得以顺利开展的人力资源和社会氛围基础。

第六节　人才建设保障

建设一支规模相当、结构合理，质量较高的煤炭人才队伍对于完成绿色矿业的目标具有重要意义，当前我国的煤炭行业由于长期的粗放型管理加之市场竞争环境的影响，存在产品销路不畅、经济效益下滑、技术改造滞后等问题，在人才引进和培养方面遇到了种种困难。据《中国煤炭科技展望》有关资料显示，我国科技对煤炭经济增长的贡献率只有 23%，低于全国 28.3% 的平均水平，远远低于发达国家 60% 以上的水平。煤炭企业技术力量薄弱，在近 40 个年产 500 万吨以上的大中型煤炭企业中，从事科研开发的技术人员不足 2000 人。

煤炭企业普遍面临着"培养难、引进少、流失多"的人才危机。很多煤炭企业富余人员多、专业人才少，人员整体素质低。为此，在《国家中长期人才发展规划纲要（2010～2020年）》发布后，煤炭人才中长期规划也提上了日程。国家能源局召开了能源人才发展中长期规划（煤炭部分）座谈会，开始着手推动相关工作。总的来说，人才建设保障的具体内容包括以下几方面。

（1）增强对开展煤炭人才建设战略重要性的认识

煤炭企业在国家目前调整产业结构、实现产业升级的大环境下，要实现又好又快发展，就必须高度重视并切实提升人才队伍建设和管理水平，不断创新工作方法，坚持用科学发展、与时俱进的眼光认真对待人才队伍建设，持续激发企业人才科技创新和自我提升的积极性和主动性。

（2）加大煤炭专业技术人才的培养力度

通过多种渠道，采取多种形式，落实培养措施，充分发挥煤炭类大中专院校的作用，利用现有教育资源，培养更多的煤炭专业技术人才。一是国家和政府有关部门，要针对煤炭这个基础能源行业的特点，采取相关政策，对煤炭类院校及专业加大扶持力度，对煤炭类专业学生在学费、奖学金等方面给予特殊的优惠政策，帮助院校扩大招生，鼓励考生报考煤炭院校及专业，鼓励毕业生到煤炭企业就业。二是加强企业与大中专院校联合办学，实行对口招生或企业选送优秀职工入学定向培养。

（3）用足用好国家制定的地矿类专业"对口单招"政策

自从 2002 年地矿类专业"对口单招"政策启动以来，各方面的运行状况是比较令人满意的。因此应该继续与煤炭领域的高效企业开展合作，完善各方面的保障措施，将学生的培养水平提高，向教育主管部门争取更多的名额，扩大试点范围，这样才能使企业、高校、学生三方都获益。

（4）重点培养技术型、知识技能型和复合型人才

煤炭企业要积极主动创造条件，逐步建立以人力资源能力建设为主题，以人才结构调整为主线，以培养人才核心竞争力为目标的煤炭人力资源培训开发体系。在制定培训策略时，要将煤炭企业核心价值观、经营目标、企业文化、职业生涯规划纳入培训管理系统中。在培训方式上，要坚持内部开发和培养为主，外部引进为辅，充分利用煤炭企业自身优势，激励煤炭行业干部职工在实践中锻炼成才。

第七节　本章小结

本章从行政管理体制出发，分析了我们政府部门对矿产资源和煤炭资源的管理模式，探讨了现有的相关政策保障基础，包括中央建设服务型政府、矿业全球化发展、推进产业结构优化升级的战略、相关法律和加强环境保护的背景等。随后研究了煤炭产业发展的政策保障体系总体架构，包括技术与安全保障、制度与政策保障、法律与文化保障、人才建设保障，四个层次紧密相连，相互支撑。最后，详细阐述了这四个体系的具体内容，四个层次融为一个整体，同时在煤炭资源利用的绿色化，生态环境的绿色化发展，绿色化经济、人口与社会的协调发展中发挥自己不可替代的作用，也只有四个层次同步发展和完善才能推动绿色矿业的发展。

第七章 全文总结和研究展望

第一节 全文总结

煤炭产业是我国国民经济的基础产业和重要的战略性产业，煤炭产业的健康发展无论是对社会经济实现可持续发展还是对人类生存环境都具有非常深远的影响。煤炭产业采用绿色矿业理念指导下的发展新模式，在煤炭资源得到高效利用的同时，实现了煤炭产业的清洁生产和低碳化发展，为我们提供了更多的收益来源，为产业的顺利发展和经济的有序运行提供了重要的物质保证。

本书的研究立足于我国煤炭产业发展面临的资源与环境问题，结合当前资源节约、产业集约化发展的现实背景，在研究煤炭产业发展模式相关理论的基础上，对我国煤炭产业发展现状进行了阐述，并结合煤炭产业发展的具体特点，对其存在的问题进行了分析，指出了产业模式调整的必要性。本书借鉴发达国家煤炭产业发展的先进经验，结合我国的具体国情以及经济的运行模式，得出了适合本国煤炭产业发展的几点启示，同时在绿色矿业理念的指导下构建了煤炭产业发展的新模式，基于新模式对我国煤炭产业以及经济的发展进行了初步的展望，并构建了相关的政策保障体系。本书的主要结论如下。

第一，结合对产业发展水平分析的结果，对我国煤炭产业发展演变特征与形成机理展开了历史分析和理论解释，并结合低碳经济发展的背景，提出了我国煤炭产业高效率、清洁化、可持续的产业发展方向。

第二，结合当前资源节约型和环境友好型社会的发展要求，对绿色矿业的概念进行了全新的界定。通过对诸如绿色产品、绿色文化、绿色经济等"绿色"事物概念的分析，结合绿色矿业理念的提出背景，基于煤炭产业发展的实际情况，对绿色矿业概念、内涵、特征进行了全新的界定。

第三，建立基于绿色矿业理念的煤炭产业发展模式。通过在煤炭产业绿色化发展的技术支持体系中引入技术扩散的动力机制和激励机制使之形成有效的社会驱动力，在为产业发展营造有效的政策驱动、市场驱动和中介环境驱动等有利发展环境的同时，通过各种激励手段保证煤炭资源开发的新技术能够及时得以推广和应用。为了适应绿色化发展的需要，可以通过设立专项基金、企业资本运行以及矿业权管理等方式来完善企业绿色化发展的资本体系，通过采取"国家—学校—企业"和"产—学—研"的融合模式实现对产业绿色化人才的培养，保证人才尤其是复合型人才的培养数量和质量，企业或科研院所通过规范的人才引进机制将其吸纳进来，并为他们提供丰厚的待遇和科研环境，以确保研发的顺利进行。这些都为绿色理念在煤炭产业的实现提供了有效的保证，最终通过促进技术扩散、实施有效的资本运行、建立高效的人才培养及市场促进新机制等策略推动产业绿色化发展的顺利进行。

第四，建立基于绿色矿业理念的煤炭产业发展政策保障体系。绿色矿业理念指导下煤炭产业发展的政策保障体系主要是围绕绿色经济、绿色矿业的内涵，从行政管理体制出发而形成的一套包括技术与安全保障、制度与政策保障、法律与文化保障、人才建设保障在内的政策体系。该体系根据煤炭绿色发展及安全生产的具体要求，从政府的立场为煤炭企业的发展提供政策指导，并有效地调节和控制矿业中的各种利益矛盾。同时，为政府部门的管理者，尤其是那些法律、法规、制度的起草人和制定者提供政策指导，对绿色矿业的目标进行舆论宣传，给予文化保障，在引导绿色矿业人才培养的同时也得到全社会对绿色经济、绿色矿业的支持。只有四个层次同步发展才能推动绿色矿业的顺利实现。

第二节　研究展望

本书基于绿色矿业理念对煤炭产业的发展模式进行了系统的研究，作者虽然查询了大量的图书文献和研究报告，力图更为透彻地把握绿色矿业理念指导下煤炭产业发展模式中存在的问题，但仍感觉尚有许多问题没有展开，分析得不够透彻。本书研究存在的不足以及有待进一步深入研究的内容主要表现在以下两个方面。

第一，煤炭产业的发展与其他关联产业的发展紧密相关，本书重点研究了煤炭产业自身的发展情况，对其他关联产业的发展状况没有给予关注和思考，作者认为，有必要将煤炭产业及钢铁产业、电力产业等相关产业的发展状况进行比较研究，尤其是对煤炭产业发展的影响要素进行研究，进一步深化对煤炭产业发展模式的理解。

第二，煤炭产业的绿色化发展是政府、煤炭（及相关）企业、民众三方共同努力的结果。本书对我国煤炭产业的发展现状及影响要素进行了详细的分析，并基于绿色矿业理念构建了适应发展需要的煤炭产业发展新模式以及推进绿色理念实施的政策、技术、文化、法律等保障体系。煤炭产业的绿色化发展实质上也是国家、煤炭企业、民众三者之间的博弈过程，本书在博弈论研究方面存在欠缺。因此，利用博弈论对推动煤炭产业绿色化理念顺利实现的要素进行分析，是未来需要进一步展开系统研究的。

参考文献

[1] 郭云涛. 中国煤炭工业改革与发展重大问题研究 [M]. 北京: 经济日报出版社, 2007.

[2] P.E. 杜利尔. 世界煤炭远景仍然看好 [J]. 中国煤炭, 1996 (8): 60-61.

[3] 魏振宽, 荆全忠, 朱超. 从可持续发展战略出发制定我国的煤炭资源政策 [J]. 煤炭经济研究, 2003 (7): 19-22.

[4] 赵鹏大. 地球科学的新使命——认知和发现非传统矿产资源 [J]. 地球物理学进展, 2001, 16 (4): 127-132.

[5] 张翼, 任一鑫. 基于循环经济的煤炭产业结构模式研究 [J]. 煤炭工程, 2008 (5): 97-98.

[6] 左铁镛. 对我国煤炭行业发展循环经济的思考 [J]. 煤炭企业管理, 2006 (11): 13-14.

[7] 田山冈. 煤炭产业的可持续发展与不可持续增长 [J]. 中国煤田地质, 2003 (15): 1-6.

[8] 孙凤武. 煤炭城市发展接续产业的模式研究 [J]. 辽宁工程技术大学学报, 2004 (1): 24-26.

[9] 周仁, 任一鑫. 煤炭循环经济发展模式研究 [J]. 煤炭经济研究, 2004 (1): 9-10.

[10] 中国煤炭工业协会. 2010 中国煤炭工业发展研究报告

[M]. 北京: 中国经济出版社, 2011.

[11] 王安. 合理开发煤炭资源从战略上保证我国能源安全——对加快晋陕蒙宁煤炭战略基地建设的思考 [J]. 宏观经济研究, 2009 (3): 3-8.

[12] Mangena S. J., Brent A. C. Application of a Life Cycle Impact Assessment Framework to Evaluate and Compare Environmental Perfprmence with Economic Value of Supplied Coal Products [J]. *Journal of Cleaner Production*, 2006 (14): 1071-1084.

[13] 石云龙, 雷涯邻. 矿城持续协调发展是我国建设和谐社会的重要保障 [J]. 中国矿业, 2009 (3).

[14] Dharmappa H. B., Wingrove K., Sivakumar M., et al. Wastewater and Stormwater Minimization in a Coal Mine [J]. *Journal of Cleaner Production*, 2000 (8): 23-34.

[15] Pearce D. W., Turner R. K. *Economics of Nature Resources and the Environment* [M]. Baltimore: The Johns Hopkins University Press, 1989.

[16] Mukherjee A. B., Zevenhoven R. Mercury in Coal Ash and its Fate in the Indian Subcontinent: A Synoptic Review [J]. *Science of The Total Environment*, 2006 (368): 384-392.

[17] 关凤峻. 矿业经济与可持续发展 [J]. 中国地质矿产经济, 2000 (2).

[18] 李长颖, 龚孔成. 珍惜矿产资源 推动绿色矿业发展 [J]. 中国有色金属, 2010: 324-326.

[19] 刘金平, 张幼蒂, 杨会俊. 绿色开采的矿产资源价值 [J]. 中国矿业大学学报, 2004, 33 (2): 233-236.

[20] 赵国浩, 阎世春, 等. 煤炭工业可持续发展模式研究 [M]. 北京: 经济管理出版社, 2008.

[21] 张翼,任一鑫. 基于循环经济的煤炭产业结构模式研究 [J]. 煤炭工程,2008(5):97-98.

[22] 王雪峰. 增强"绿色矿业"理念 实现矿业可持续发展 [J]. 国土资源科技管理,2006(6):58-61.

[23] 冯倩. 煤炭企业发展循环经济的几点思考 [J]. 煤炭加工与综合利用,2005(6):53-56.

[24] 朱训. 关于发展绿色矿业的几个问题 [J]. 中国矿业,2013(10).

[25] 孙丽芝. 基于产业集群的煤炭循环经济发展模式 [J]. 机械管理开发,2008(24):118-120.

[26] 蒋街武,孙磊,张冬梅. 基于循环经的煤炭工业可持续发展研究 [J]. 煤炭工程,2007(5):93-95.

[27] 刘凯. 山西煤炭资源开发利用研究 [J]. 山西能源与节能,2001(3):10-14.

[28] 王岩,赵海东,等. 矿产资源型产业循环经济发展 [M]. 北京:经济科学出版社,2008.

[29] Kang J. "The Knowledge Advantage:Tracing and Testing the Impact of Knowledge Characteristics and Relationship Ties on Project Per-for-mance" [D]. UMI AAT 3081178 Ph. D. desertation,2003.

[30] Blanco F. ,Garcia P. ,Mateos P. ,et al. Characteristics and Properties of Lighyweight Concrete Manufactured with Cenospheres [J]. *Cement and Concrete Research*,2000(30):1715-1722.

[31] Oman J. ,Dejanovi B. ,Tuma M. Solutions to Problem of Waste Deposition at a Coal-fired Power Plant [J]. *Waste Management*,2002(2):617-623.

[32] 曲格平. 发展循环经济是21世纪的大趋势 [J]. 中国环境

产业，2001（7）.

[33] 诸大建. 从可持续发展到循环经济 [J]. 经济环境，2000.

[34] 齐建国. 关于循环经济理论与政策的思考 [J]. 新视野，2004 (4)：43-45.

[35] 诸大建，臧漫丹，朱远. C 模式：中国发展循环经济的战略选择 [J]. 中国人口·资源与环境，2005 (6)：8-12.

[36] 崔铁宁. 循环型社会及其规划理论与方法 [M]. 北京：中国环境科学出版社，2005.

[37] 冯之浚. 循环经济是个大战略 [N]. 光明日报，2003-09-22.

[38] 毛如柏. 论循环经济 [M]. 北京：经济科学出版社，2003：28-30.

[39] 吴绍中. 循环经济是经济发展的新增长点 [J]. 社会科学，1998 (10)：18-20.

[40] Smink D., Heynen J. J. M. Reuse of Abandoned Coal Mining Waste Deposits for the Production of Constrction Materials: A Case of Innovative Tendering [J]. *Waste Management Series*, 2000 (1)：814-824.

[41] Williams R. H. *Advanced Energy Supply Technologies* [M]. New York：Bureau for Development Policy, 2000.

[42] 吴玉萍. 循环经济若干理论问题 [J]. 中国发展观察，2005 (6)：30-32.

[43] 张瑞，郝传波. 循环经济与中国煤炭产业发展 [M]. 北京：新华出版社，2006.

[44] 赵淑英，王鑫. 我国煤炭循环经济产业链发展模式研究 [J]. 中国矿业，2009 (3)：52-55.

[45] 鲁明中，张象枢. 中国绿色经济研究 [M]. 郑州：河南人

民出版社，2005.

[46] Chinh L. D., Gheewala S. H., Bonnet S. Integrated Environmental Assessment and Pollution Prevention in Vietanm: The Case of Anthracite Production [J]. *Journal of Cleaner Production*, 2007 (15): 1768 – 1777.

[47] Kikuchi R. Application of Coal Ash to Environmental Improvement: Transformation Into Zeolite, Potassium Fertilizer, and FGD Absorbent [J]. *Resources, Construction and Recycling*, 1999 (27): 333 – 346.

[48] 马凯. 贯彻落实科学发展观推进循环经济发展 [N]. 人民日报，2004 – 10 – 19.

[49] 欧阳新年. 资源与环境约束下中国煤炭产业集约化发展研究 [D]. 中国地质大学（北京）博士论文，2007.

[50] Whyatt J. D., Metcalfe S. E. Optimising the Environmental Benefits of Emission Reductions from UK Coal-and Oil-fired Power Stations: A Critical Loads Approach [J]. *Environmental Science and Policy*, 2004 (7): 451 – 463.

[51] 耿殿明，宋华岭，等. 矿区可持续发展的战略模式与实现途径 [J]. 中国煤炭，2005 (1): 25 – 26.

[52] 邹平座. 经济可持续发展原理研究 [J]. 金融纵横，2005 (2): 17 – 19.

[53] 徐波. 中国环境产业发展模式研究 [D]. 西北大学博士论文，2004.

[54] 方甲. 产业结构问题研究 [M]. 北京：中国人民大学出版社，1997: 4 – 5.

[55] 杨公朴，夏大慰. 产业经济学教程 [M]. 上海：上海财经大学出版社，2002: 2 – 3.

[56] 刘志彪等. 现代产业经济分析 [M]. 南京：南京大学出版社, 2001：1-2.

[57] 裴长洪. 利用外资与产业竞争力 [M]. 北京：社会科学文献出版社, 1998：24-25.

[58] 杨治. 产业经济学导论 [M]. 北京：中国人民大学出版社, 1987：15-16.

[59] 包菊芳, 诸圣国. 我国钢铁产业循环经济发展模式研究 [J]、科技和产业, 2007.10.

[60] 黄琦, 戴建强. 处以山西区域经济的发展与煤炭产业发展模式 [J]. 能源基地建设, 1996（6）：45-46.

[61] Jacobsen N. B. Industrial Symbiosis in Kalundborg, Denmark-A Quantitative Assessment of Economic and Environment Aspects [J]. Journal of Industrial Ecology, 2006（10）：239-255.

[62] Mukherjee A. B., Zevenhoven R., Bhattacharya P., et al. Mercury Flow via Coal and Coal Utilization By-products：A Global Perspective [J]. Resources, Conservation and Recycling, 2008（52）：571-591.

[63] 钱易. 清洁生产与循环经济——概念、方法和案例 [M]. 第1版北京：清华大学出版社. 2007：29.

[64] 张宝明. 中国煤炭工业改革与发展 [M]. 北京：煤炭工业出版社, 2002.

[65] 钟霞, 张殿杰, 王岩. 发展循环经济的典型范例——来自包头铝业集团循环经济的调研报告 [J]. 内蒙古财经学院学报, 2006,（1）：29-31.

[66] 中国煤炭工业协会. 煤炭工业循环经济经验交流 [M]. 北京：煤炭工业出版社, 2007.

[67] 国家环境保护总局. 中国环境统计公报 [M]. 北京：中国

环境科学出版社, 2004.

[68] 中国网新闻中心 [DB/OL]. 2006 年中国循环经济报告, http://cn. chinagate. com. cn/chinese/ch-hb/hb_ 02. htm.

[69] 诸大建. 可持续发展呼唤循环经济 [J]. 科技导报, 1998 (9): 39 - 42.

[70] P. E. 杜利尔. 世界煤炭远景仍然看好 [J]. 中国煤炭, 1996 (8): 60 - 61.

[71] 解振华. 大力发展循环经济 [J]. 求是, 2003 (13): 43 - 45.

[72] 周宏春, 刘燕华. 循环经济学 [M]. 北京: 中国发展出版社, 2005.

[73] Minchener A. J. Coal Gasification for Advanced Power Generation [J]. *Fuel*, 2005 (84): 2222 - 2235.

[74] 罗淦, 钟帅, 车勤健. 中美两国煤炭产业发展模式的比较分析 [J]. 世界煤炭, 2010 (11): 124 - 126.

[75] Hilson G. Defining "Cleaner Production" and "Pollution Prevention" in the Mining Content [J]. *Journal of Mineral Engineering*, 2003 (16): 305 - 321.

[76] Asokan P., Saxena M., Asolekar S. R. Coal Combustion Residue-environmental Implication and Recycling Potentials [J]. *Resources Conservationand Recycling*, 2005, 43 (3): 239 - 262.

[77] Solveing S. Geological Sequestration of Anthropogenic Carbon Dioxide: Applicability and Current Issues [J]. *American Association of Petroleum Geologist*, 2001.

[78] Bachu S. Geological Sequestration of Anthropogenic Carbon Dioxide: Applicability and Current Issues [J]. *Tulsa: American Association of Petroleum Geologist*, 2001.

［79］Oman J., Dejanovi B., Thma M. Solutions to the Problem of Waste Deposition at a Coal-fired Power Plant［J］. *Waste Management*, 2002, 22 (6): 617－623.

［80］Adachi Y., Komoto M., Watanabe I., et al. Effective Utilization of Remote Coal Through Dimethyl Ether Synthesis［J］. *Fuel*, 2000, 79 (3－4): 229－234.

［81］Patrick J. W. Energy for the Future-Coal Liquefaction for the Euiepean Environment a History of UK Coal Liquefaction［J］. *Fuel*, 1998, 77 (7): 793.

［82］Bibler C. J., Marshall J. S., Pilcher R. C. Status of World Wide Coal Mine Methane Emissions and Use［J］. *Journal of Coal Geology*, 1998, 35 (14): 283－310.

［83］Petra E. Campbell, Sharon McCahey, Brian C. Williams, Mark L. Beekes. Coal and Plastic Waste in a PF Boiler［J］. *Energy Policy*, 2000 (28): 223－293.

［84］赵兴武, 罗文元. 中国资源型城市经济转型与日本经济合作初探［J］. 日本研究, 2005, (4): 26－32.

［85］陶小马, 吴也白. 从《白皮书》看日本建设循环型社会的思路及对策［J］. 同济大学学报（社会科学版), 2005 (16): 55－65.

［86］Hilson G. Defining Cleaner Production and Pollution Prevention in the Mining Context［J］. *Journal of Minerals Engineering*, 2003, 16 (4): 305－321.

［87］Williams R. H. *Advanced Energy Supply Technologies*［M］. New York: Bureau for development Policy, 2000.

［88］Minchener A. J. Coal Gasification for Advanced Power Generation［J］. *Fuel*, 2005, 84 (17): 2222－2235.

[89] 孔令丞,谢家平. 循环经济推进战略研究 [M]. 北京: 中国时代经济出版社, 2008.

[90] 李向前,曾莺. 绿色经济——21世纪经济发展新模式 [J]. 成都: 西南财经大学出版社, 2001.

[91] 张久铭,梁亚红. 资源型城市经济可持续发展的理性思考 [J]. 生态经济, 2007 (7): 76-78.

[92] 刘法宪,贾朝蓉. 生态文明期盼绿色矿业 [J]. 中国矿业, 2008 (7): 32-35.

[93] 寿嘉华. 走绿色矿业之路——西部大开发矿产资源战略思考 [J]. 中国矿业, 2000 (12): 2-6.

[94] 乔繁盛. 建设绿色矿山 发展绿色矿业 [J]. 中国矿业, 2009 (18): 4-6.

[95] 闫敏. 循环经济国际比较研究 [M]. 北京: 新华出版社, 2006.

[96] 刘富贵. 循环经济的循环模式及结构模型研究 [J]. 工业技术经济, 2008 (8): 9-12.

[97] 冯之浚. 循环经济导论 [M]. 北京: 人民出版社, 2004.

[98] 蔡荣. 创建现代绿色矿山的方法探索与实践 [A]. 2010全国采矿科学技术高峰论坛论文集 [C], 2010.

[99] 赵鹏大. 非传统矿产资源概论 [M]. 北京: 地质出版社, 2003.

[100] 赵鹏大,陈建平. 非传统矿产资源体系及其关键科学问题 [J]. 地球科学进展, 2000, 15 (3): 251-255.

[101] 曹凤中. 生态全息论对发展循环经济的启示 [J]. 环境污染与防治, 2002 (6): 321-323.

[102] 曲格平. 时代呼唤循环经济 [J]. 环境, 2001 (1): 8-9.

[103] 朱镕基. 关于国民经济和社会发展第十个五年计划纲要的

报告 [M]. 人民出版社, 2001 (3): 21 - 25.

[104] 王军, 刘金华, 王俊英. 青岛市建设循环型经济社会探讨 [J]. 上海科学环境, 2003 (22): 635 - 639.

[105] 尚艳红, 刘妍, 李庆华. 煤炭资源型城市循环经济发展研究 [J]. 环境科学与管理, 2007 (10): 41 - 43.

[106] 赵鹏, 刑振钢, 张宏伟. 中国发展循环经济的研究 [J]. 城市环境与城市生态, 2003 (6): 19 - 21.

[107] 冯之浚. 循环经济导论 [M]. 北京: 人民出版社, 2004.

[108] 杜晓荣. 企业发展循环经济的经济学分析 [J]. 中国流动经济, 2007 (10): 41 - 43.

[109] 任勇. 日本环境管理及产业污染防治 [M]. 北京: 中国环境科学出版社, 2000.

[110] 袁学良. 煤炭行业发展循环经济发展理论及应用研究 [D]. 山东大学博士论文, 2008.

[111] 幕庆国. 对于煤炭企业安全管理的思考 [J]. 中国煤炭, 2003 (3): 5 - 9.

[112] 〔美〕戴维·奥斯本等. 改革政府——企业精神如何改革政府部门 [M]. 上海: 上海译文出版社, 1996.

[113] 黄贤金. 循环经济: 产业模式与政策体系 [M]. 南京: 南京大学出版社, 2004.

[114] 魏娟. 发挥科技力量, 以人为本, 建设绿色矿区 [J]. 煤矿机械, 2006, 27 (7): 191 - 192.

[115] 杨昌明, 江荣华, 查道林, 李丹阳等. 产业集群资源支持力评价?. 武汉: 中国地质大学出版社, 2008.

[116] 姜福兴, 耿殿明. 基于可持续发展的绿色矿区模式研究 [J]. 中国煤炭经济学院学报, 2001, 15 (4): 357 - 360.

[117] 吴斌, 张义平, 刘萍. 贵州煤炭绿色开采的可行性分析 [J]. 煤炭技术, 2011, 30 (4): 6-8.

[118] 宋梅. 煤炭产业组织政策及其绩效评价研究 [M]. 北京: 地质出版社, 2011.

[119] 汪涛, 张天柱. 煤炭矿业循环经济发展模式与指标体系研究 [J]. 中国人口资源与环境, 2007 (6): 87-90.

[120] Mette Wier. An Environmental Macro—Economic Model for the Construction Sector [J]. *Environmental & Resouree Eeonomies*, 2000, 15 (4): 323-341.

[121] 武震. 循环经济模式下我国产业结构调整 [J]. 当代经济研究, 2008 (11): 37-40.

[122] 贺传皎, 李江. 循环经济理念下的产业集群可持续发展研究 [J]. 工业技术经济, 2007 (2): 26-29.

[123] 孔令国. 生态矿区模式构建研究 [J]. 煤矿开采, 2009 (6): 118-120.

[124] Christian vonHirschhausen, Vol Khart Vincentz. Energy Policy and Structural Reform [J]. *Eastern European Economic*; 2001, 38 (1): 51-70.

[125] 彭俊英, 郝俊武, 祝国柱. 实现绿色矿业的途径探讨 [J]. 华南地质与矿产, 2009 (2): 69-72.

[126] Asokan P., Saxena M., Asolekar S. R. Coal Combustion Residues-environmental Implications and Recycling Potentials [J]. *Resources, Conservation and Recycling*, 2005 (43): 239-262.

图书在版编目(CIP)数据

煤炭产业发展模式研究：基于绿色矿业理念/马岩著.—北京：社会科学文献出版社,2015.10

ISBN 978 – 7 – 5097 – 8004 – 6

Ⅰ.①煤⋯ Ⅱ.①马⋯ Ⅲ.①煤炭工业 – 研究 – 中国 Ⅳ.①F426.21

中国版本图书馆 CIP 数据核字（2015）第 209058 号

煤炭产业发展模式研究
——基于绿色矿业理念

著　　者／马　岩

出 版 人／谢寿光
项目统筹／陈凤玲
责任编辑／陈凤玲　陈　欣

出　　版／社会科学文献出版社·经济与管理出版分社(010)59367226
　　　　　地址：北京市北三环中路甲29号院华龙大厦　邮编：100029
　　　　　网址：www.ssap.com.cn

发　　行／市场营销中心（010）59367081　59367090
　　　　　读者服务中心（010）59367028

印　　装／三河市东方印刷有限公司

规　　格／开本：787mm × 1092mm　1/16
　　　　　印　张：11.5　字　数：149千字

版　　次／2015年10月第1版　2015年10月第1次印刷

书　　号／ISBN 978 – 7 – 5097 – 8004 – 6

定　　价／59.00元

本书如有破损、缺页、装订错误，请与本社读者服务中心联系更换

▲ 版权所有 翻印必究